销售就是要玩转情商

—— 沟通技巧版 ——

姜得祺·著

Emotional Intelligence for Sales Success:
GREAT COMMUNICATION
SECRETS FOR SELLERS

百花洲文艺出版社
BAIHUAZHOU LITERATURE AND ART PRESS

图书在版编目（CIP）数据

销售就是要玩转情商：沟通技巧版 / 姜得祺著. —南昌：百花洲文艺
出版社, 2017.9（2020.6重印）
ISBN 978-7-5500-2367-3

Ⅰ.①销… Ⅱ.①姜… Ⅲ.①销售—方法 Ⅳ.①F713.3

中国版本图书馆CIP数据核字（2017）第210674号

销售就是要玩转情商：沟通技巧版
XIAOSHOU JIUSHI YAO WANZHUAN QINGSHANG:GOUTONG JIQIAO BAN

作　　者	姜得祺
出 品 人	李吉军　张学龙
责任编辑	周振明
特约编辑	唐　可
营销编辑	姚　靖　翟平华
封面设计	胡椒书衣
版式设计	九　一
出版发行	百花洲文艺出版社
社　　址	南昌市红谷滩新区世贸路898号博能中心一期A座20楼
邮　　编	330038
经　　销	全国新华书店
印　　刷	河北华商印刷有限公司
开　　本	787mm×1092mm　1/16
印　　张	17.5
版　　次	2017年9月第1版
印　　次	2020年6月第3次印刷
字　　数	230千字
书　　号	ISBN 978-7-5500-2367-3
定　　价	39.80元

赣版权登字 05-2017-362
版权所有，侵权必究
发行电话 0791-86895108
网　　址 http://www.bhzwy.com
图书若有印装错误，影响阅读，可向承印厂联系调换

目 录 CONTENTS

第一章：
销售其实就是：见什么人说什么话

作为销售员，你懂得如何让沉默寡言的消费者开口说话吗？遇到那些百般挑刺的人，你知道怎么应对吗？一毛不拔的客户来了，你怎么办呢？销售技巧人人都知道，为什么成功的销售员少之又少呢？

001

第二章：
只会说不会听的销售员不是好业务

你的销售技巧还停留在不断说服客户上吗？你知道你的客户为什么没有给你成交的机会吗？倾听，是销售过程中不可或缺的一环，一味地说不如耐心地听，听得好，业绩才更好！

025

第三章：
销售员怎么说才能说到客户的心坎上

口才不好就干不了销售吗？你身边的销售员都是夸夸其谈的人吗？伟大的销售员知道，能说不代表成功，懂得如何说到客户的心里，才是真正关键的！

045

目 录

第四章：
巧妙提问，摸清客户的真正需求

你会提问吗？和客户聊了好久，依然找不到客户真正想要什么该怎么办？好的问题可以让你快速摸清客户门路，抛弃不靠谱的话术技巧吧，和我一起从提问开始，了解客户的真实需求。

069

第五章：
销售员怎么说，才能赢得客户信赖

你对你的产品了解吗？客户对产品有疑问，你能够为他解答吗？销售，不仅需要销售员具备良好的头脑，还需要销售员懂得一定的专业知识，成为客户的专业分析库，这样，你的职业生涯才越走越宽！

095

第六章：
销售员只有这样说，客户才会买买买

广告的效应，你了解多少呢？大部分人都知道利用名人效应，但怎样将名人效应与产品完美结合，从而让客户毫不犹豫下单呢？那些伟大的销售员不会告诉你的技巧，全在这里！

121

第七章：
面对讨价还价的客户，该怎么说？

客户对价格极其敏感，你该怎么做？一味要求降价的客户，又该怎么面对呢？你知道什么时候做出报价，客户的抵触心理最弱吗？良好的销售来源于巧妙的沟通，随着我一起，提升自己的能力吧！

145

目　录

第八章：
当客户找理由拒绝，该怎么挽回自己的单子

客户一见面就开始抱怨，你还能有耐心吗？他拒绝了你的提议，你要如何做呢？大部分销售员在客户拒绝后，都会退缩或者沉默，但这真的代表客户不喜欢吗？该如何分辨呢？

169

第九章：
销售员最应该避免的
说话方式

你知道何时开口说话，客户不会觉得反感吗？针对不同的客户，你知道他们的禁忌有哪些吗？正确的说话方式能够让客户对你心生好感，记住这些不能使用的语言吧，它们是你成功路上的绊脚石。

187

第十章：
售后服务这样说，客
户才会二次消费

你敢向客户承诺自己的售后服务吗？产品出现了问题，你是逃避还是出面解决？现在的客户，不仅看重产品本身的价值，还注重产品的延伸服务，因此，处理好售后很关键！

215

第十一章：
每个人都可能成为
卓越销售专家

你了解你的客户吗？和陌生人交流你会怯场吗？工作之余你会进行反思总结吗？学好每一个技巧并融会贯通，你就是卓越销售专家！

243

目　录
CONTENTS

CHAPTER 1

第一章：
销售其实就是：见什么人说什么话

　　作为销售员，你懂得如何让沉默寡言的消费者开口说话吗？遇到那些百般挑剔的人，你知道怎么应对吗？一毛不拔的客户来了，你怎么办呢？销售技巧人人都知道，为什么成功的销售员少之又少呢？

● 客户喜欢什么，我就跟他聊什么

沟通是销售过程中必不可少的环节，但是如何降低沟通成本却是一个技术活儿。一位非常成功的销售员曾总结道：客户喜欢什么，我就跟客户聊什么。这个道理看似很简单，但真正能做到的人很少。这需要你在与客户交流之前对客户有相当的了解，或者是当客户站在你面前的时候，你能够看懂客户的微表情。比如，通过客户的衣着来判断客户的消费能力，通过客户的言谈来判断客户购买的欲望有多大，通过客户的眼神来判断客户真正关注的是什么……知道了客户的这些信息，在接下来的沟通过程中，你才能投其所好，一步步地诱导，让客户的思路跟着你的思路走，最终达成合作。这就是客户喜欢什么，我们就跟他聊什么的最大好处。

杰特是美国一家知名啤酒公司的推销员，由于业绩很出色，一直以来都颇受领导信任，这给杰特带来了很大的自信，在他看来天下没有难做的生意。可是最近他遇到的一个酒店老板让他有些犯难，这个老板是来自中国的华侨。他多次拜访这个酒店的老板都无功而返，因为这个酒店里的啤酒已经有专门的企业来供应，所以杰特要想将自己的啤酒打入这家酒店就很有难度了。虽然杰特一次次见酒店老板，但一次次被酒店的老板拒绝，可是杰特依然不放弃。

后来，他打听到酒店老板最大的爱好就是写字、画画。于是，杰特没有再急着去拜访这位酒店老板，而是认真研究起中国具有影响力的书画家，了解他们的书画风格，虽然这对杰特来说难度非同小可，但是杰特觉得这是唯一的机会了。

当杰特再次与酒店老板约见的时候，他没有直接推销啤酒，而是"无意间"从老板墙上的字画聊起，酒店老板一听杰特说得头头是道，便来了兴趣，两个人聊了一个下午。第二天酒店老板主动打电话邀请杰特一起喝茶闲聊……后来，酒店老板主动向杰特提出从他这里进一批酒。

杰特的成功就是因为他知道了酒店老板的兴趣爱好，并且懂得投其所好。

销售过程中，我们经常会碰到不易交流的客户，很难打开销售局面。但聪明的销售员都知道，如果一条路走不通，那就从另一条路开始走——试着从侧面了解客户的薄弱点、兴趣点，找到这些"点"然后进行猛攻。

但是销售员不要认为找到契合点了，就算大功告成了，找到这个"点"并不算成功，如何在这个"点"有聊的内容才最关键。如果这个老板喜欢字画，你也知道了这一点，但是你对字画一窍不通，你总不能说一句："张总，听说你对字画很有研究？"老板来一句："是的！"就没有下文了吧？

田园是北京一家汽车公司的销售员，他在一次车展上认识了有购车意向的王总，车展结束之后田园多次预约王总见面聊一下，看是否有合作的空间，可是都被拒绝了。后来，田园从王总的助理那了解到王总最大的爱好就是射击，几乎每个周末都去北京郊外射击场进行射击。

于是，田园在网上查阅了很多关于射击方面的资料，而且跑遍了郊区几乎所有的射击场，甚至还专门报班学习了射击。一个月后田园的射击知识大增，俨然成了这方面的专家。当田园再次给王总打电话的时候，没有直接推销自己的汽车，而是向王总推荐了郊区几家环境优雅、设备齐全、服务质量好的射击场，并且邀请王总有时间的话与他一起去郊区玩。

一个周末，田园在射击场"偶遇"了王总，王总很感谢田园帮他推荐的射击场，同时也对田园这么年轻就在射击方面有如此丰富的知识很是惊讶和敬佩。在回市区的路上，王总告诉田园自己喜欢造型粗犷的越野车，田园顺水推舟将自己公司符合王总需求的那一款车推荐给了王总，最终愉快地成交。

如果让每个销售员对每个客户都付出如此大的代价是不现实的，但每个销售员对某几个重点客户不妨多付出一些，这样你将会有意想不到的收获。

了解客户的兴趣点并且投其所好既是一种情感投资，更是一种销售技巧。它让本来充满着利益与金钱味的人际交往变得更加有人情味，给客户一种温暖的感觉，这样就很容易达到先交朋友再做生意的共识。如果没有情感投资，直接赤裸裸地交易，这种成交是短暂的，一次性的。只有付出了情感，让客户将你当作朋友了，这样的交易才能持续下去。

销售警语

♣ 提前了解客户需求。这种了解包括性格、兴趣、需求等，只要抓住某一点就能够找到与客户的"契合点"，这就相当于找到了客户的"痛点"，只要有"痛点"就没有拿不下的客户。

♣ 谈资必须充分准备。为了能够与客户有的聊，并且能够聊到客户的心里去，前期谈资的准备很关键，需要付出大量的时间和精力，不需要面面俱到，这也不现实，只要有某一个"点"能够聊到客户的心里就可以了。

● 性别不同促进成交的话术也不同

女性与男性存在着很大的消费心理差异，因此，女性容易冲动性消费，而且购买的东西很大一部分都是不太实用的东西，而男性则相对理性一些，购买的东西大都是属于硬性消费商品。因此，作为销售员，必须抓住女性与男性的消费特点，采取不同的交流方式来促进成交。

女性客户的消费特点：

✦ 女性一般都是主动消费，而且消费很灵活。这主要是因为女性大多数都需要操持家务，所以，她们必须通过采购满足家庭成员生活所需。另外，女性总觉得自己缺少点什么，通过购物消费来满足这种心理需求，即使女性所需求的东西没有货了，她也会购买其他的物品来代替自己所需的东西。

针对这类型消费者，销售员经常应该会说的是："您做家务那么辛苦，有了这产品能够让您省事很多！""您现在购买就算对了，这将会成为今年最流行、最时尚的款式！""虽然这款产品目前没有货了，但是我给您推荐另外一款产品，它功能不比你当初看中的那款差！"……

✦ 女性消费具有很浓厚的感情色彩。女性一般情感丰富、细腻。只要今天在商场就会将看到的所有商品与身边的人联系起来，也许这款商品并不是很适合当事人，但女性一般都会想象成很适合，于是，就赶紧为其进行购买。

销售员针对这种女性，一定要告诉她："你的宝贝女儿穿上这款衣服一定就像小公主一样漂亮！""这个洗脚盆很适合老年人使用，你买来送给自己的公公婆婆，尽一份孝心何尝不好呢？""男人身上必备的三件东西是手表、腰带、皮鞋，有了这三件必定能够帮助男人走向成功，你给你的男朋友买一件呗！"……

✦ 女性购物受到外界的影响很大。女性如果看到超市、商场的广告宣传，尤其当看到商场有"减价商品""促销商品""出口转内销"等字样，或者某一款产品大家抢着购买，那她就会加入到购买的行列，无论目前需不需要。

销售员针对这种女性，一定要给她造成紧迫感。比如："这款商品只打折三天，今天下午五点就截止了！""我们是赔钱甩卖，卖完我们好进新款，所以这么便宜，而且只剩下这几件了！"……

男性客户的消费特点：

✦ 男性一般比较自信，购物喜欢速战速决。男性善于控制自己情绪，处理问题比较冷静，购物比较理性，有很强的独立性和自尊心，对于自己喜欢的商品会果断下手，对自己不喜欢的商品不购买的意志很坚定。

销售员针对这种男性应该再加一把火，使其快速成交："你要相信你的眼光没有问题！""如果您拥有了这款产品，更能够凸显您的气质！""您看这款产品看了这么久了肯定是喜欢，对吧！我帮你拿主意了，你就拿这款绝对没有问题！"

✦ 男性购物比较被动。男性购物的频率远不如女人，除非自己紧急用，才去购买，或者是家里人叮嘱，朋友、同事托付等他才会购买。

这样的男性客户，销售员重在提醒，比如："你看你最近在工作、生活中还需要点什么？领带、皮箱？""你的爱人是否最近快过生日了？是不是快到你们的结婚纪念日了？用这款产品作为礼物，您的爱人肯定喜欢！"

✦ 男性购物一般比较理智。当男性的购物动机形成之后，稳定性好，购买行为比较有规律。只要认可这一个品牌，或者认可这一家店，就会经常到这家店购买某个品牌。男性购物很少受到情感支配或者外界的影响，只要符合自己要求就会做出购买的决定。

销售员针对这样的客户，重在实事求是："我给你推荐的这款汽车性能、质量、品牌都是没有问题的，而且免费保修三年，绝对超值！"

✦ 男性购物注重简单、实用。男性因为是理性购物，所以他注重的不是华丽的外表，而是看商品是否简单、实用，也就是说男性购物更看重的是产品的使用效果及整体质量。

销售员针对这种男性客户只要将实用性讲清楚就可以了："虽然这款汽车款式有点老，但是耗油量小，马力大，空间大，平时上下班可以开，周末还可以带着全家去郊外野炊！""这款手机很轻、屏幕超大、内存很大，而且在手机上发邮件、办公都没有问题，有了这部手机，就相当于有了一台随身电脑！"

✦ 男性购物注重产品档次。男性有很强的自尊心和好胜心。购物很注重产品的档次和品位，所以男性客户购物的时候喜欢选购高档气派的产品，而且很少讨价还价，忌讳别人说自己小家子气。

销售员在面对这样的客户时一定要抓住其心理活动："您拥有了我们的这款产品，在朋友面前拿出来显得高端大气上档次！""虽然这款车价位高，但是您购买这辆车十分有面子，相当于为自己成功增加了筹码！"

可见男性与女性的购物特点有着极大的差别，作为销售员不应该忽视这些细节，而是根据这些不同的细节找到应对的话术，只有这样才能提高成交率。

销售警语

❧ 学会细微的观察。面对突然出现在自己面前的客户，性别好判断，但是你如何快速分辨出他（她）具有哪种购物特点呢？这需要长期的积累，做生活中的有心人，观察每一个客户的细节——衣着打扮、眼神语气等，在心中做一个归纳总结，这样当类似的客户出现的时候就很容易分类了。

❧ 好口才是锻炼出来的。面对不同的客户，都要敢于将对销售自己产品有用的词句表达出来，不要怀疑自己可能说得不对，也不要觉得自己说得不好，只要说的次数多了，自然会说得既对又好，还很动听，并且能够直达客户的内心。

● 只要让寡言者开口就能找到卖点

销售过程中销售员都会遇到这样的客户——无论你向他介绍什么产品，他就是不说话，甚至不赞成，也不反对，这让很多销售员很苦恼。大家都知道真正的成交需要相互沟通，如果一方很热情，另外一方很冷淡，这笔生意肯定难以成交。客户不说话，怎么可能知道他想要什么？客户不说话，你怎么知道他对你产品有什么意见？客户不说话，销售员还有继续介绍下去的激情吗？面对这样的客户，销售员到底该怎么说才能让客户开口说话呢？

其实沉默寡言者也分好几种类型，不同类型的客户用不同的说词，只要说对了必定能够达到满意的效果。

✦ 本身不善于言表。这种客户并非不想说话，可能是由于性格等原因造成了寡言，甚至有的客户可能在很小的时候由于语言表达错误，受到周围人的嘲笑，于是为了避免再次被嘲笑，变得不再爱说话，长此以往整个人变得很闷，即使别人问他，他也不爱表达自己的意见和建议。面对这样的客户，不要让他说更多的话，而是给他 A 和 B 选项，让他选择就可以了，通过这种方式容易打开客户的话匣子。但是要记住这种客户很敏感，一定要真诚，时刻微笑，让客户感受到你是在真正地帮助他。

艾文森是一家服装店的老板，年底的一天她的店里来了一位小伙子，看相貌很朴实，年龄在三十岁左右。当这个小伙子走进店的时候，艾文森就站起来与其打招呼，但这个小伙子没有理睬，只是在认真看挂在衣架上的衣服。艾文森再次与小伙子打招呼，小伙子依然没有理睬艾文森，艾文森明白，这个小伙子并不太爱说话。

艾文森问："您是给父亲买衣服还是母亲买衣服？"因为艾文森这家服装店专门卖老年人衣服，她猜想这个小伙子肯定是给自己的父母亲买衣服，而且通过小伙子的相貌大概判断出他父母亲的年龄在五十到六十岁之间。

小伙子这才说了一句："父亲！"

艾文森想追问一下细节，问道："身体胖点，还是瘦点？"

小伙子说："瘦。"

艾文森心想老年人大多不喜欢穿颜色鲜艳的衣服，但喜欢质量好一些的，于是从衣架上挑了两件衣服，一件是黑色一件是灰色，艾文森拿到小伙子面前问："黑色和灰色？你挑一件吧！"

小伙子露出了喜悦的表情，指了指黑色，艾文森这笔生意就这样快速成交了。

相信这个小伙子肯定想一股脑儿将自己的想法告诉艾文森，可是他不知道该怎么说，于是最终选择了沉默。但是艾文森凭着多年的经验，判断出了小伙子的性格，在接下来的服务过程中，她没有过多的让小伙子说话，而是给了三个选择题，最终很快成交了。针对这样的寡言者，这样的方法是最奏效的。

✦ 顾虑重重，拿不定主意。这种客户总觉得自己说得越少，销售员就抓不住漏洞，就不可能找到自己的弱点，显得很神秘，这样不仅能够"镇得住"销售员，而且在砍价的时候容易掌握主动权。于是，这样的客户在销售员热情询问的时候，客户不仅不回答，甚至有意回避销售员的问题。

销售员面对这样的客户不要放弃，依然要热情招待，不妨给客户一把椅子让他坐下来慢慢挑选，千万不要向这种客户流露出"不买衣服还看什么看？""真磨叽，不就买一件衣服吗？又不是买房子、买宝马，用得着思考那么久吗？"这种客户很敏感，一旦他觉得销售员嫌弃自己立马扭头就走。

面对这样的客户，销售员该怎么办呢？

首先，销售员在对待这样的客户的时候一定要大方随和，时刻面带微笑，不要给客户造成你嫌弃他的感觉。

其次，不要用推销产品的方式与他沟通，而应该用征询的方式聊天。比如："这款衣服比较中性，但你觉得男人穿着好看还是女性穿比较好看？""我觉得这款红色有点太耀眼，黑色有点太沉闷，黄色我感觉挺不错……你觉得呢？"

这样的客户一旦开口说第一句话，下面就好办了，在以征询方式连环提问中逐渐缩小客户意向产品的包围圈，最终确定，很快就成交。

✦ 过于谨慎，过于冷静。这种客户办事沉稳，而且很冷静，很沉着，思维缜密，有自己独立的见解，不会轻易被销售员所左右。因此，这种客户选择产品的时候，一般不会听销售员说什么，而是凭着自己的感觉，仔细看说明书了解产品的功能。一旦他对某一款产品了解透彻了，而且百分之百喜欢，就会毫不犹豫地购买了。但是还有很大一部分客户没有将说明书看明白，不确定这款产品是否适合自己，这时，销售员可以根据客户研究的产品的效用，有针对性地给他推荐，将自己产品的亮点和卖点说出来，引导客户将注意力放到自己的产品上。

当客户问的问题十分专业或者你自己并不知道答案时，那么你可以说不清楚或不知道，千万不要蒙混过关。客户能够问出这么有难度的问题，证明他比你更了解这款产品，如果销售员假装很懂，蒙混过关，客户不仅觉得你这个人有问题，还会怀疑你这个产品有问题，甚至否定一切，所以面对这样的客户一定要注意。

销售警语

♣ 沉默的客户也是不容忽视的潜在消费者。如果每个客户都直接告诉销售员自己要什么东西，那天下就没有难做的生意了，可是恰恰不是这样。因此，面对寡言的客户无论是采取出选择题的方式，还是以征询意见的方式，只要让客户说话就已经成交了一半。

♣ 察言观色，找准时机。面对沉默的客户一定要练就火眼金睛，察言观色，根据客户的类型来做出适当的销售技巧调整，沉默不代表拒绝，只要用对了方法，你的销售依然能够成功。

● 让百般挑刺的客户心满意足很关键

客户在购物过程中挑刺是一种正常现象。这种客户有的是因为之前购物上过当，再次购物的时候特别小心谨慎，甚至有的客户通过挑刺来发泄心中的不快；也有的客户认为自己见多识广，比销售员更有经验，通过挑刺来展示自己厉害的一面；绝大多数客户是因为喜欢该商品，但通过挑刺的方式压低价格，以更优惠的条件成交；当然也有极少数客户只是想找个人聊天而已。

无论客户抱着哪种心理，作为销售员一定要有足够的耐心、热情，认真对待每一个客户，不要惧怕，更不能觉得对方很烦人，不妨大胆、正面与这样的客户交锋一番，向这样的客户"认怂"，对其高见赞叹一番，满足客户的自尊心、虚荣心，及争强好胜的心理状态，他才能不再挑刺。

爱挑刺的客户一般有以下几种类型，销售员可以根据不同类型客户常说的话来分辨出这种客户属于哪种类型。

✦ 借口型。这种客户无论销售员如何解释，他（她）总能够找到不购买该产品的理由。比如："款式太老土""颜色不适合我""现在购买了也没有多大用处！"

✦ 压价型。很多客户都是这个类型，他（她）明明喜欢这款产品，却将这款产品攻击得体无完肤，比如："你这款产品成本不过几十块，你却要卖这么高？""这里都损坏了，质量肯定不好！""这款式，这颜色，一看就是上个世纪五六十年代生产的吧？"

✦ 自我表现型。比如："一看我就知道是 A 货""与其买你这台，还不如买隔壁家的，他那台的配置比你这台高多了！"

✦ 偏见型。这种客户经常说："我只认识 XX 品牌，你的品牌我不喜欢""时髦的都是不适用的！"

✦ 无知型。比如："这个功能是干什么的？我要这个功能也没有用啊""将这个功能设置在这里完全是多余的，操作起来也不方便。"

✦ 犹豫型。比如："它的款式我很喜欢，但我就是不喜欢这种颜色！""它的功能很强大，但就是占地太大，家里没有地方放！"

✦ 客观批评型。可能某款商品的确有点不尽如人意的地方，但是客户会将这种问题无限放大。比如："你这台空调杂音太大，晚上吵得人无法睡觉！""你这款车我朋友买过，太耗油，一年的油钱相当于买辆新车了！"

那么，面对这些爱挑刺的客户，销售员如何面对呢？

✦ 归纳法。就是将客户挑刺的所有问题都归纳在一起，然后一次性回答这些问题。比如："您这些问题归结到一起就是觉得价位有些高，只要价位合适您就购买对吧？"

✦ 否定法。当客户质疑某款商品的质量时，销售员应该用事实说话："您放心，我们这款产品是经过国家检验的，有相关质量认证证书！"

✦ 顺应法。比如，客户觉得商品的价格太高了。销售员可以说："的确，我们的商品价格不菲，但您也知道一分钱一分货的道理，我们本着为客户舒适感第一位的原则，原料采用的都是……"

✦ 摊牌法。当客户犹豫不决的时候，销售员可以采取反问的方式，既表达了自己的诚意，又让客户无法反对。比如："卖掉这一款产品我才提成了不到10元，您觉得我还有降价的空间吗？""该说的我都说了，该让步的我都让步了，你让我再怎么做呢？"

✦ 先发制人法。在客户没有提出异议之前提出问题，然后进行解答，给客户一种诚实、靠谱的印象。比如："虽然价格高，但是高有高的道理，一是我们是品牌产品，二是产品上面的很多精美的工艺是机器无法完成的，我们只能用人工来完成，这无形中增加了成本。"

销售过程中无论遇到多么爱挑刺的客户，一定要保持冷静，有耐心，一定要听客户将自己的意见讲完，不要随意打断，否则会激起客户更多的不满。另外，要时刻面带微笑，要有"客户虐我千百次，我待客户如初恋"的精神。在语气上一定要温和，忌讳出现江湖语气，或者顶撞客户。

销售警语

♣ 要明白嫌货才是买货人。面对客户的挑刺一定要有耐心、热情，因为客户挑刺说明他在乎这款商品。如果面对客户的挑刺就嫌弃，甚至将客户赶出去，那么你永远做不好销售。

♣ 听懂客户挑刺背后的真正意思。当客户挑刺的时候，不能就客户的字面意思去理解，而是要分析客户这番话背后更深层次的含义。要想做到客户一开口就知道他真正目的的话，就需要有将挑刺客户当作老师的心态，还需要勤分析，勤总结，只有这样才能在以后的销售过程中，兵来将挡水来土掩。

● 让一毛不拔的客户觉得自己占了大便宜

销售市场有很多销售员年龄相对年轻化，而买方市场则是不同年龄段的人都有，当面对年龄偏大的老年客户，很多年轻销售员觉得与他们难以沟通，因为很多年龄偏大的人都是从苦日子一步步走过来的，深知每一分钱都来之不易，所以，他们经常为了能够便宜几块钱不依不饶。于是，很多销售员认为这种人就是铁公鸡一毛不拔。

曾经有销售员向其经理抱怨道："面对一位一毛不拔的客户我真的快疯掉了，你要买我的产品就赶紧买了得了，不买就拉倒，咱能不能干脆点？可是她就是不买，但每天还不停地给我打电话，不停地讨价还价，唯恐我多挣她一分钱。现在一看是她的来电我就脑袋大。我不接电话吧，又觉得她年纪一大把了，就像我的奶奶一般，我不忍心！如果接电话吧，她就说个没完没了，我还有其他客户要招待，我不可能将所有时间都浪费在她身上对吧！真的，遇到这样的客户我觉得我距离喝西北风的日子不远了！"

经理安慰道："面对这样的客户，解决的方法很简单，就是告诉她咱们产品的实在价格，并特别强调这是最低价格了，且只有她一人享有此价格，这个价位只能保留三天，三天之后恢复原价。这样既给她独享此优惠价的优越感，又给她时间上的危机感、紧迫感，她才愿意购买！"

后来，这位销售员按照经理的策略，很快便与这位大妈成交了，大妈还给她介绍了一些新的客户。

其实，作为销售员一定要理解这位大妈，在这个世界上真正有钱的人还是少数，更多的人都是普通的老百姓，挣每一分钱都不容易，都想让自己花出去的每一分钱能够得到价值一百块、一千块的东西。他们并非是一毛不拔，只是勤俭节约罢了，想将钱花在刀刃上，只要激发他们的兴趣点，让他们觉得你的产品她花钱买得超值，或者有种占便宜的感觉，那一切都 OK。

总之，在与一毛不拔的客户沟通时，一定要将产品的价值、成本、生命周期、投资回报率等告诉客户，并将投资回报率作为重要卖点，让客户明白自己赚取了多少，销售方赚取了多少；如果客户没有明白这些，他总觉得销售方赚得钵满盆满，而自己只能吃亏。

销售警语

♣ 一定要为客户"算账"。通过替客户算账，让客户知道所售产品每个环节的成本，让客户知道自己赚取了多少，销售员赚取了多少，如果客户觉得购买太超值了，交易就成功了。

♣ 热情、耐心、坚持是对"一毛不拔"的客户的制胜法宝。很多时候不是客户放弃了产品，而是销售员放弃了客户。在讨价还价的过程中，销售员觉得客户"烦"，没有了销售热情，没有了耐心，对客户板着脸，爱答不理，最后即使客户想购买也放弃了。

● 让优柔寡断者觉得决定是自己做出的

在销售过程中，经常遇到这样的客户，明明销售员已经将价格压缩到底线了，觉得可以成交了，却没有想到客户说："让我再考虑考虑！"顿时让热情的销售员感觉脑门上泼了一盆凉水。面对这样的客户，销售员应该采取当机立断的方式。比如，可以直接询问客户到底什么地方还有疑问需要思考？如果客户提出了问题，能够解决就立马解决。如果解决完了，客户还想"考虑考虑"，那么这种客户就可以归为优柔寡断型了。

这种客户表面看似很乐观，其实内心很消极，而且没有主见，喜欢听别人的主意，可是对别人总是抱着怀疑的态度，即使自己做了决定往往还会后悔，因此，为了减少后悔的概率，在任何事情上都不敢下决定，摇摆不定。情绪化比较严重，想象力丰富，情感细腻，一些微妙刺激都能够引起他情绪上的变化。

销售员要想搞定这样的客户，一定要掌握主动权，给其提供积极的有建设性的意见，多用肯定性的用语。但是一定要多观察这类客户的情绪及肢体语言，这种客户比较敏感，如果销售员一味按照自己想法下"命令"必然会引起不满，可以"诱导"客户摆出自己的观点，再结合其观点有针对性地推销产品，获得客户最大的认同感。

那么，面对优柔寡断的客户，销售员如何应对呢？

✦ 给出两种答案让客户选择。通过与客户的沟通不断缩小客户的意向范围，然后制造两个答案，比如 A、B 答案，让客户自己去选择。其实，这两种答案无论选择 A 还是选择 B 都不会影响后面的成交，只是通过这种方式，让客户觉得最后的主意是自己决定的，增强客户的自信心，加快成交的速度。

比如：客户需要购买小汽车，在很多种颜色中不知道购买哪一种比较好？看似很简单的小问题，在优柔寡断的客户看来就是大问题，如果处理不当就有可能影响到成交。销售员可以通过与客户沟通，权衡利弊，不断筛选，最后将客户有意向的小汽车的颜色范围缩小到两种，如红色和黑色。这样，后续的事情也就明了了。

✦ 向客户提问。客户犹豫不决很多时候是由于选择的空间太大了，客户眼挑花了，他觉得无论哪一款都不错，自己都喜欢。虽然客户都喜欢，但是销售员要清楚，客户不可能将所有的产品都买回家，只能选择其一。那么作为销售员，要做的就是通过提问的方式不断帮客户缩小可供选择的范围。比如买车的客户："你需要什么价位的？""喜欢几排座位的？""喜欢马力大的还是一般的？"……如果客户将这些问题回答了，其实就是明确告诉销售员自己需要什么型号的车了。

✦ 给客户提出好的建议。客户拿不定主意的时候经常会问销售员"你觉得哪一款比较好呢？"如果销售员能够提出好的建议，并且引起客户的共鸣，客户会觉得自己果真牛 X，连专业人士都想得与自己所想的一致，有利于促成交易。如果销售员这样回答客户，比如："选择哪款都一样！""你自己看着办！"这样的回答是无效的，而且给客户的感觉是你没有将他的问题当作自己的问题来考虑和解决，而是想敷衍自己。这样的话客户还愿意继续往下聊吗？对成交还有信心吗？答案是否定的。因此，面对客户的提问要认真回答，比如："这两款车我都喜欢，但是从颜色来说，我更喜欢白色，不仅因为白色象征着纯洁，而且白色与您的气质很搭，您觉得呢？"这样既帮助客户选择了小汽车的颜色，还拍了客户的马屁，不成交才怪。

✦ 采取饥饿营销。很多客户犹豫是因为他觉得自己想要的东西肯定多得是，只是还没有遇到真正适合自己的而已，所以客户就漫不经心地挑选，即使真正遇到自己喜欢的东西了也不着急购买，而是还在犹豫，心想再挑一挑说不定还会遇到更好的，于是不断地犹豫，不断地挑选，再犹豫……此刻销售员不妨多提醒客户："这款皮鞋在这个商场我是独家销售！""这双鞋子只剩下最后一双了！如果你现在不买，一会儿可就会被别人买走了！""这几天搞活动，优惠很大，明天就恢复原价了！"

✦ 解决客户的心中疑虑。客户拿不定主意是因为他心中有顾虑。客户担心自己买贵了，别人笑话他；或者是客户担心售后服务很麻烦；客户担心销售员的承诺无法兑现……

针对这些问题销售员可以这样说：

"两个月内，如果您还能以这个价格买到这款鞋子，那您可以将鞋子原封不动地拿过来我给你退掉！而且补偿您路费！"鞋子是买来穿的，如果新买的鞋子拿回家不穿，却等两个月，这样的客户纯属找碴儿的，是假客户。

"我们的店全国连锁，售后服务站全国各地都有，我给您一份售后服务的全国网点名单，您挑选距离您最近的服务点进行服务！万一找不到最近的服务网点，可以直接将产品快递到总部，让总部给您调换，邮费公司负担。"

"我们是百年老店，我们不会为了您这一件产品而毁掉我们的声誉，只要我们承诺了的，我们肯定会做到！再说了我们人会跑，但店不会跑啊！有什么事情您可以直接来店里找我们！"

销售警语

♣ 帮助客户缩小购物的范围。很多客户犹豫不决，大都是因为选择的范围太多，客户不知道自己到底该选择哪个才对。销售员要做的就是通过与客户沟通，层层筛选，将客户有意向的产品的范围缩小到极限，然后给客户"创造"两个选项，记住：这两个选项无论选择哪一个都不会影响成交。千万不要给客户这样的选择：A.购买；B.不购买。

♣ 让客户觉得最后的主意是自己拿出来的。犹豫不决的客户大都没有主见，容易受到他人言论的影响。所以，在引导客户做出选择的过程中，要让客户自己下最后的决定。这样容易树立客户的自信心，增强成就感，不仅有利于快速成交，而且有利于培养自己的客户。

CHAPTER 2

第二章：
只会说不会听的销售员不是好业务

你的销售技巧还停留在不断说服客户上吗？你知道你的客户为什么没有给你成交的机会吗？倾听，是销售过程中不可或缺的一环，一味地说不如耐心地听，听得好，业绩才更好！

● 倾听有技巧

销售员在对客户进行推销的过程中，为了取得最终的交易总是对客户滔滔不绝，唯恐客户没有听明白而导致交易失败，甚至客户想发表自己的观点都没有插话的机会。这是销售工作中最常见的现象，殊不知，这种工作方法下的成交率是非常低的。

我们大部分的销售工作依然需要面向客户，在这一过程中，互动就非常关键。当销售员为了推销自己的产品而口若悬河时，往往会犯一个致命错误——没有听客户在说什么。客户说款式问题，销售员在说颜色；客户说功能问题，销售员却说价格；客户说售后服务，销售却说怎么操作……没有同频聊天，答非所问，怎么可能会有成交的机会呢？

因此，作为一个成功的销售员，不仅要会说，更需要会听，只有听清客户的需求，才能真正做到有的放矢，才能大大提高成交率。

说到听相信每个人都会听，但如何能够听好、听懂客户说的话背后的意思却不是一件容易的事情。所以，销售员在听客户说的时候一定要注意以下几点：

✦ 耐心听。销售过程中，客户的语言很关键，它不仅表达了客户的需求，还能够让我们知道客户是否对产品有兴趣。所以，耐心倾听客户的需求是首要条件。实际操作过程中，我们经常会遇到话痨型客户，他可能就一款产品的功能问数十个问题，也会因头一次接触这类型产品，而反复询问同一个问题，此时，我们能做的就是回答问题，不要因为客户的连环提问而产生厌烦心理，情绪都能够表现在行为举止上，很容易被客户察觉。

✦ 虚心听。销售员在听客户发表自己的观点和见解的时候，不要随意打断对方，这是很不礼貌的做法。尤其当销售员觉得客户说得不对的时候更不能随意打断，如果销售员立刻反驳客户，试图在客户面前证明自己是正确的，只能让客户尴尬甚至不开心。

有位销售员曾经遇到过这么一件事：有一个爱旅行的客户，有一次在店里与销售员聊天，无意间说到他在沙漠中抓鱼烤着吃的事情。销售员不相信，因为在他看来鱼只有大海中有，沙漠中怎么可能有鱼呢？客户还特别强调自己亲身经历的不会有错！销售员不仅用嘲笑的语言怀疑客户说谎，还高声问同在店里的其他同事："沙漠中能够钓到鱼，你们相信吗？"其他同事异口同声地否定了。这让客户很尴尬，什么也没有说就走了。

多年之后，这个销售员无意间在电视上看到一个讲述沙漠中有鱼的节目。原来这种鱼在雨季的时候就在水中，干旱季节的时候就钻到地下一两米深的地方蜷缩起来，一动不动，养精蓄锐，等待来年雨季的到来……销售员才知道自己错了。

有时候我们没有亲眼看到的东西并不代表它不存在，只是我们的见识有限，没有看到罢了，但我们不能盲目否定别人。

✦ 会心听。积极的回应、反馈是对客户的尊重，在销售过程中，当客户在说话时，销售员需要与客户进行眼神上的交流，而不是站在一边一句话也不说，任凭客户一直说，这样容易造成客户的尴尬。同时，表情要自然，可以用一些微表情示意客户你在专心听他说话。比如，偶尔皱眉，让客户知道你在思考他所说的话；偶尔点头，让客户知道你很认同他的观点；偶尔说对的、好的、是的、嗯、哦等，让客户知道你很专心。

◆ 提问听。在客户说的过程中，要找准机会提问，提问的时机也需要找准：不要在客户讲得最兴奋的时候提问，而在客户语言相对缓和的阶段提问。提问可以是没有理解客户话语背后的意思，比如："你刚才的意思是不是……""不好意思，我还是有点不明白，你可以再说一遍吗？"有的提问是有意为之，比如："你喜欢的是那款蓝色外壳的手机对吧？""您的意思是需要一款5000元以内的手机？"

如此提问有三个目的：一是以提问的方式与客户互动，让客户知道你很在乎他，一直在听他说；二是真的对客户所说的没有理解，通过提问弄明白客户真正的意思；三是通过提问缩小客户需求的范围，有利于锁定客户最终的需求点。

销售警语

♣ 有时候听比说更重要。销售过程中切忌不停地向客户介绍某一款产品，要学会倾听客户的需求，了解客户真正感兴趣的是什么，这样不仅能够给客户留下很好的印象，还能够培养自己的忠实客户。

♣ 对于持有不同意见的客户，不要非得争个清清楚楚。由于每个人的社会阅历不同，接受教育的程度不同，处理问题的角度不同，即使面对同一件事情，一千个人有一千种看法，我们不能觉得自己就是权威，对其他人的观点进行抨击，而是应该抱着谦虚谨慎的态度去听，对自己有用的就吸收，没有利的就当笑话听一听罢了，争执只能对双方造成伤害。

● 听得越多，成交概率越高

我们很多销售员都知道让客户多说，这样容易锁定客户有意向的产品，而且省时省力气，可是很多销售员往往在客户说的过程中总想纠正或者教训"外行"的客户，这种做法是不可取的。其实，让客户说话对销售员来说利大于弊。让客户说得足够多，那么客户就无法掩饰自己真实的情感和购物的动机。如果在客户说的过程中，销售员能够认真地听，并且能够听到客户话语背后的深层次的意思，那他就可以掌控客户的秘密。当我们掌控了客户内心最真实的想法，摸清楚客户的底牌，还怕掌控不了客户的整个销售过程吗？

曾经有位著名的销售培训师，经过他培训的销售员都成了顶级销售员和行业的典范。其实，这位培训师的宗旨只有一条：在还没有搞清楚客户需求之前，绝对不要直接谈论生意。

不直接谈论生意，那应该如何做呢？那就是学会倾听。

可是，当说到"学会倾听"几个字的时候，依然有很多销售员会反问："倾听很简单啊！还需要学吗？"其实，越是简单的事情我们很多人越是难以做好。我们经常看到一些销售员面对客户总是滔滔不绝，因为在这些销售员心中有一套自认为很厉害的销售套路，只要将这些套路全部展现完毕就能够拿下客户，但结果往往不尽如人意。为什么呢？因为销售员只是按照自己的"剧本"表演完毕了，但客户只是一个旁观者，没有参与进来，客户想发表一点自己的观点都无法插嘴，客户能够满意吗？

那么，销售员如何学会"倾听"呢？

✦ 听客户的痛点。真正的成交就是销售员通过自己的产品和服务帮助客户解决其真正的痛点。有的客户很直接，会告诉销售员自己需要什么产品，什么配置，价格范围……但是绝大多数客户不会直接说，甚至有的客户在销售员面前采取声东击西、真假难辨等语言策略，混淆销售员视听，其目的就是通过这些方法将自己真的"痛点"隐藏起来，来摸清销售员手中某一款产品的价位、功能等。如果这款产品很适合自己的需要，那么就会进一步谈论；如果不适合自己就会扭头就走。所以，销售员在与客户沟通的过程中要注意听，听客户需要什么东西，怎样的产品能够满足他内心的需要，或者哪一款产品能够帮助客户解决哪些真正的问题，这就是"痛点"。

✦ 听客户的兴奋点。客户的购买行为一般有两个目的：逃离痛苦和追求快乐。痛点就是让客户感到痛苦的"点"，兴奋点就是让客户感到快乐的"理由"。销售员需要在与客户沟通的过程中点醒客户，让客户了解自己所面临问题的严重性，然后再通过帮助客户解决这些痛苦的问题，让客户感觉到兴奋和满足。听客户的兴奋点关键是听容易让客户有情绪波动的字眼。这些字眼能够表现出客户的潜意识导向，表明了他们的深层看法，销售员一定要抓住这些信号，进一步与客户沟通，促成交易。同时，要注意客户的肢体语言和微表情。

销售警语

♣ 一定要学会倾听。只有用心倾听，才能理解别人话语背后真正的含义。倾听的过程中应该积极地互动，用口头语言及肢体语言予以回应，让对方觉得自己的话是有价值的。倾听也是对阐述者最起码的尊重。

♣ 注意观察客户的微表情和肢体语言。在与客户沟通的过程中为了清楚了解客户的需求，不仅要听客户说什么，更应该观察客户的微表情。比如，当客户听到你的推荐很兴奋，眉飞色舞，证明你帮助客户找到了解决其症结的办法；如果客户听到你的介绍，有皱眉、搓手、歪头等动作，都说明你击中了他的"痛点"，如果能够很好抓住时机那么成交毫无问题。

● 怎么听才能够听到客户内心的声音

一位成功的销售人士曾经说过，一个真正的销售员 80% 使用耳朵，20% 使用嘴巴！可见，在销售的过程中听是多么重要。

科勒是英国一家汽车公司的销售员，这天他接待了一位文质彬彬，穿着很讲究的客户。科勒见有生意上门，便滔滔不绝给这位客户讲他所中意的汽车的性能、优势、配置等，客户跟着他反复看了三台车后，转身就走了。这个单子算是黄了，这对科勒的打击不小，他一直在反思到底自己错在哪里了，导致客户头也不回地走了。

后来，科勒向自己的经理请教，终于明白了其中的原因。原来，这位客户的儿子刚刚考上了哈佛大学，父亲觉得自己可以享清福了，于是决定买一辆车。其实，购车可以说是次要的，重要的是向别人炫耀自己的儿子，希望得到更多人的赞叹、附和、尊重。然而科勒只顾着推销产品了，没有顾及客户内心的需求，让客户失望了，导致了销售的失败。

可见，销售员不仅要成为具备专业知识的人才，更要成为能够听懂客户话语背后深层次需求的人才。在与客户沟通的过程中紧抓客户的兴趣点，从客户的兴趣点中找到真正的目的、矛盾点、欲望等，为进一步说服、诱导打下坚实的基础。倾听是一门艺术，学会倾听应该成为每一个销售员的一种责任，一种追求、一种职业自觉和不可或缺的素质之一。

倾听其实可以分为四个层次，销售员只有不断修炼才能达到倾听的最高境界。

第一个层级，销售员心不在焉地听。这种销售员以自我为中心，不爱听客户在说什么。当客户说话的时候，他心里却想着别的事情，甚至内心对客户充满着不满，恨不得对客户大吼几声。一旦客户发现销售员的这种情绪，自然不会与这样的销售员继续交流了。

第二个层级，销售员被动消极地听。这种销售员在听客户说话，不会深入分析客户话语背后的意思，更不会观察客户的微表情。最终的结果就是很难真正理解客户的真实需求，服务不到"点"上，让客户怀疑你的服务态度。

第三个层级，销售员积极主动地听。销售员能够专心地听客户说话，并且与客户不断互动，这种销售员容易与客户达成交易。

第四个层级，销售员用同理心去听。同理心即能够站在客户的角度思考问题，与客户互动的同时，了解客户的需求，积极主动地帮客户解决问题。这一层级的销售比第三层级的销售更加懂得要做销售先做朋友的道理。

如果你还处在第一或者第二层级，请不要着急，因为有 85% 的销售员都处在这一位置，真正能够达到第四层级的仅有 5%，这部分人是目前行业内顶尖的销售员。但无论你处于哪一层级，你都可以从现在起提高自己的能力，让自己更进一步。

那么，作为销售员怎么去听才能听到客户内心真正的声音呢？

✦ 倾听一定要专注。排除一切干扰因素，集中精力，面对客户所说的能够认真思考，积极回应，并且能够恰如其分地引导客户朝着有利于销售的方向聊。

✦ 倾听就要听弦外之音。面对客户所说的不能就字面意思去理解，而是要深入分析，搞清楚话语背后暗示的深层次的意思。要做到这点不仅要从客户感兴趣的字眼下手，还应该对客户的微表情进行观察。

✦ 挖掘被客户隐藏的关键词。有些客户为了达到某种目的，故意采取声东击西、暗度陈仓等手段，将自己真正要表达的意思隐藏起来，这样给销售员造成了很大的难度。要想将客户隐藏的关键词挖掘出来，必须认真听，对含糊的词语以"请教"的方式询问，另外在听的过程中对客户所提到的关键词如：价位、功能、售后等记录下来，当客户说完的时候你就明白客户真正的意思了。

✦ 同频性。客户最担心的就是自己明明在说 A 问题，销售员却在回答 B 问题的答案，这就是不同频所造成的困惑。要想与客户同频，那么销售员在倾听的过程中，不仅要在适当的时候以积极的语言回应，还应该以自己的肢体语言回应，对于客户着重强调的地方要有记录，方便后面有针对性地解决客户的疑虑。

在销售这个职业中，很多人认为只要能说会道就可以了，其实并非如此，有时候学会倾听比能说会道更重要。能说会道只是阐明了产品方面的东西，这个是销售员必须具备的技能，但是倾听能够了解客户真正的需求。如果产品方面记得很熟练，但是不知道客户要什么，说得再好有什么用呢？

销售警语

♣ 少说多听。在与客户沟通的过程中，销售员不要急于展示自己的口才，而是给客户更多说的时间，通过听客户说你不仅能够了解客户真正的需求，还能够交到一个真正的朋友。有句话叫"先交朋友后做生意"说的就是这个道理。

♣ 学会引导。在听客户说的时候，也要学会引导客户，因为很多客户觉得自己终于找到一个能够听自己说话的人了，心里很兴奋，一直说个不停，而且很容易偏离主题。作为销售员要学会恰如其分地引导，让客户所说的话能够朝着有利于销售的方面发展。

● 冷静聆听客户批评，吸取教训

冲突是销售过程中时常会出现的事情，它不仅会影响销售员的业绩，同时也会影响企业的形象。目前，很多企业将销售员与客户冲突的次数作为绩效考核的标准之一，希望以此来减少销售员与客户的冲突。

在某家商场曾经发生了一件典型的客户与销售员起冲突的事件，当事人中的销售员以其良好的态度和处理方式获得了业内的一致好评。事情发生时，客户满心怨恨，不但将商品气冲冲地甩到了销售员的脸上，还高声叫骂，引来大群人围观。

销售员等到客户情绪稍显稳定后，满脸歉意过来询问客户发火的原因。待他仔细查看了商品才知道，原来是这台小电扇插头上面的线路断了。销售员赶紧真诚道歉，并说明这其中的原因同时对商品做了替换，希望能够得到客户的谅解。

公司很快也知道了发生在这位销售员身上的事情，认为销售员虽然由于自己的疏忽对企业品牌造成了一定的负面影响，但由于销售员处理的方式恰当，不卑不亢，态度诚恳，知错就改，反而为企业赢得了声誉，所以企业并没有对这位销售员进行惩罚，反而将这位销售员作为处理与客户冲突的榜样。

通过这件事我们可以知道，作为销售员，面对客户批评的时候，一定要注意以下几点：

✦ 面对客户的批评，先耐心等客户说完。

✦ 克制自己的脾气。客户受到损失了肯定是在气头上，多么难听的话都可能说出来，此刻必须克制，不要反驳，不要与客户争辩。不妨耐心等待一会儿，让客户冷静下来之后问其原因，再找解决的办法。

✦ 换位思考。面对客户的愤怒，要学会换位思考。如果是你买到一件残损的商品你也会很生气的，何况是客户呢？

✦ 面对客户的批评，不能草草应付了事。面对客户的批评千万不要抱着息事宁人的态度，牺牲企业或者个人的利益换得暂时的安宁，而是面对客户的批评，认真听，不要怕麻烦，能够当场解决的问题当场解决，不能解决的问题在某个期限内保质保量地帮助客户解决。

✦ 总结分析很关键。面对客户的批评要认真分析，而不是推卸责任。分析客户批评的哪些问题是真正存在的问题？什么原因造成的？解决的办法是什么？如果下次再遇到这样的问题自然知道解决的办法了。

作为销售员，我们不可能做到尽善尽美，让每一个客户都对我们满意，但是我们可以在客户的批评中不断总结，不断完善，不断减少自己的错误。在客户的批评中，我们不要不假思索就进行反击，更不要因为客户的批评就对这个客户及其他的客户失去信心，甚至逃避客户。无论客户对你的批评有多么的尖锐，多么的难听，只要你这一方"熄火"了，不去争个青红皂白，客户单方面也不会造成"熊熊大火"，一个巴掌拍不响就是这个道理。

你需要牢记的是：曾经别人扔向你的石头，只要没有成为打垮你的巨石，那他就可能成为你成功的垫脚石，让你站得更高，看到人生更美的风景。

销售警语

♣ 面对批评先冷静后虚心。当别人批评你的时候，不要急躁，不要反驳，不妨换位思考——自己真的有对方所说的问题吗？只有这样，我们才能及时看清楚自己的定位，看到自身的优缺点。

♣ 常反思常总结。能够真正做到对每项工作的结果和过程都进行反思和总结的人是少之又少的，销售过程中，我们难免会有这样或者那样的突发事件，不论这些事件最终以怎样的方式解决，或者是否圆满解决，看清事件发生的根源并做好预防工作才是引领我们走向职业巅峰的关键。

● 适时沉默也可成为成交的捷径

在很多人的观念中销售员必须要有一套能说会道的好口才，这样才能将无论多"刁钻"的客户拿下，事实是这样吗？不，有时候销售员与其多说，还不如沉默。让客户先开口说话，这样才能最先暴露其意图。这就像两个拳击高手，往往最先出拳的容易被打倒，因为最先出拳者最先暴露弱点，给后出拳者创造了攻击对方弱点的机会。

从事印刷的业务员尤尼卡就给我们做了一个很好的榜样。某次他带着自己的同事登门去拜访一位出版界大亨莱姆恩。莱姆恩在美国出版界很有名气，同时为人也很精干。莱姆恩早期也是从推销纸张开始做起，后来转行做出版，而且生意做得越来越大，不仅涉及出版，还涉及影视、地产等行业。

简单寒暄之后，尤尼卡就简明扼要地将自己印刷厂的纸张、价格介绍了一番，并将用自己印厂的纸做的样书也一并呈了出来。但是莱姆恩似乎并不感兴趣，他低着头，看也没有看尤尼卡一眼。这让尤尼卡和自己的同事都显得很尴尬。尤尼卡的同事如坐针毡，难以承受这种沉重的静默。他生怕被莱姆恩拒绝，所以急于打破这种沉默的僵局。尤尼卡看到同事准备开口说话，赶紧冲他摇摇头。

这种僵局又持续了两分钟，莱姆恩终于抬头看了看尤尼卡及他的同事，但没有说话，尤尼卡也没有说话，只是悠然地坐在沙发上。

　　大约过了四分钟，莱姆恩终于说话了。虽然他平时不爱说话，但这次他说了足足半个多小时还停不下来，尤尼卡似乎并没有打断莱姆恩的意思，一直让他说下去。

　　一小时之后，莱姆恩终于停下来了，尤尼卡觉得到自己说的时候了："莱姆恩先生，您讲的话对我和我的同事很有帮助，而且您通过您的言辞还告诉我们一件实事，您是一位特别有思想的企业家！最初来找您的目的就是想将您需要印刷的图书拿到我们的印刷厂来印制，但是后来我发现您需要印制的杂志也适合我们来印制。希望下次我再来拜访您的时候，直接带着合同，我们也签订一个战略合作协议！"

　　莱姆恩很高兴，约定了第二次见面的时间。

　　虽然这个案例的开头并不精彩，但是结尾还不错。尤尼卡成功的原因其实很简单，就是让莱姆恩将自己的需求说出来，然后认真地倾听以求明白莱姆恩真正的需求，并提出有针对性的解决方案。

　　有很多销售员容易自作聪明，喜欢在别人面前滔滔不绝，或者在别人说话的时候打断对方，更是当气氛尴尬的时候找一切理由让气氛活跃起来，这对成交往往适得其反。销售其实就是一场心理博弈，最先忍不住的那个往往是输家。

　　有些销售员操之过急，客户还没有说完话就开始对其评头论足、妄发议论，客户还没有明白怎么回事的时候，销售员已经开始着急纠正客户的错误。这样的销售员即使说得对，客户也不会承认，他宁愿花更多的钱也不愿意在这里购买产品。

成功的销售员必须知道什么该说，什么不该说，什么时候说，什么时候沉默，这是销售员需要具备的基本常识。有时候我们需要向客户展示我们是一个幽默风趣的人，有时候我们需要保持沉默，倾听客户的意见，让客户自己做出最后的选择。沉默是你面对特殊客户时候必须采取的态度。

如果有的销售员忍受不了客户的沉默，陷入尴尬，最后扭头走了，或者是不断地说话，打破沉默，甚至有的话说了一遍又一遍，说个没完没了，其实这种语言轰炸，只会让客户更加反感和排斥，让成交变得遥遥无期。

那么哪些时候应该沉默呢？

✦ 当你面对客户的时候不知道该说什么。这种时刻我们经常会遇到，此时不要没话找话，你只需要静静聆听客户的话，让客户告诉我们想知道的东西。

✦ 在与客户沟通的过程中，突然有一种很好的建议时。即使有更好的建议，也不要轻易打断客户，这是一种极为错误的做法，我们可以在客户说完之后，再将自己的观点呈现出来。

✦ 面对客户的提问，如果我们不懂、不知道，那就不要打肿脸充胖子，不要装内行，不要装专家，此刻沉默是最明智的选择。

言多必失。聪明的销售员面对陌生的客户要有敢说的勇气，同时在该沉默的时候也要有能够立马闭嘴的能力。这样你才能赢得客户对你最高的评价：这个人不错！

销售警语

♣ 沉默不是词穷而是一种战术。在与客户沟通的过程中，如果能够在恰当的时间段选择沉默，那样客户会因为不知道你将要说什么而陷入恐慌，因为当你在说话的时候他知道你想要表达什么意思，为了克服心里的感觉和尴尬，客户便会说话，只要说话就会暴露他的需求。

♣ 沉默给对方更多的说话空间。言多必失，当我们销售员滔滔不绝地说的时候，难免出现这样那样的问题，让客户抓住我们的把柄，与其这样还不如选择沉默，给客户留下更多说话的空间，好让我们有抓住客户"小辫子"的机会。

CHAPTER 3

第三章：
销售员怎么说才能说到客户的心坎上

口才不好就干不了销售吗？你身边的销售员都是夸夸其谈的人吗？伟大的销售员知道，能说不代表成功，懂得如何说到客户的心里，才是真正关键的！

● 既然要给客户说就一定要说重点

当客户对产品的某些无关紧要的地方提出质疑时，作为销售员一定要认真分析，学会引导。分析客户质疑的目的到底是什么？尽快将客户引导到产品核心的问题上，比如产品的功能、效用等。避免由于纠缠"无关紧要"的地方而浪费更多的时间。

比如，有些客户心里很喜欢这件产品，但是为了砍价他就会找各种借口，比如一会儿说这件产品的颜色不喜欢，一会儿又说造型不喜欢。如果销售员能够很快发现客户的真正目的，直接就价格问题进行协商，那将有利于提高工作效率。

客户："你的净水器太贵了吧？"

销售员："的确，我们的净水器是贵了点，但一分钱一分货，我们产品之所以贵，是因为我们在质量上的投入很大。"

客户："每个商家都会这样说，但你的价位超出了我们的预算啊！"

销售员："我能够理解您的为难。不过我们的净水器虽然外表普通，但是有很多的优点，看您是诚心买家，我给您说一下吧！"

客户："啥优点啊？"

销售员："我们的净水器采用的是过滤膜分离技术，达到了 0.01 微米过滤的精度，也就是说我们喝到的水是极其纯洁的，健康的；其次，我们的排水闸采用的是美国的技术，滤芯的使用寿命超出普通滤芯 4~5 年，否则我们隔三岔五换滤芯不仅成本高还麻烦，多不划算；最后我们的产品体积小，占用空间小，不仅搬动的时候方便，而且无论放在哪个角落都不碍事，多好啊！"

客户："听你这样说似乎很不错啊！"

销售员："既然您如此信任我，我必须给您推荐最好最实惠的产品了。由于最近这几天搞活动我们价格上还有优惠，到了明天就恢复原价，将会比今天贵 350 元！"

客户："那好吧！趁着今天给我来 10 台。"

这个客户的需求很明白，只要价位合适就可以成交。但客户觉得价格贵，销售员抓住问题的关键，进行分析产品的独特优势，再加上有优惠，客户权衡利弊，最后成交了。这个案例中的客户直奔主题聊价格，但是有的客户所关注的重点问题是隐形的，如果销售员不能细致入微地观察，就很难找到客户所关心的重点问题。如果找不到客户关心的重点问题，就很难聊到客户的心坎上，这样无疑对成交是一种障碍。

一对老夫妇来看一所房子，当销售员把他们领进房间后，他们发现房间里的地板已经破旧并且变得凹凸不平。

老夫妇说："你这房子太破旧了吧！你看地板都坏成这个样子了。"

销售员："您放心，这些东西都可以换成新的。"

当老夫妇走到阳台的时候，看到院子里面有一棵茂盛的樱桃树，盛开正旺盛，花香四溢，两位老人的表情突然变得愉悦起来。

老夫妇的表情变化，很快让销售员抓住了，当老夫妇再次嫌弃房子地板破旧的时候，销售员赶紧说："只要您买我们的房子，我们一定装修成新的房子一样，最重要的是院子的这棵樱桃树，正对着您的阳台，一定会使你们的生活更加安详舒适。"

销售员说完，老夫妇又不由得将目光转移到窗外的樱桃树，表情变得高兴起来。

当销售员领着老夫妇参观厨房的时候，厨房的设备有些锈迹斑斑，还没有等老夫妇开口，销售员赶紧说："这些东西我们都会为您换成新的。同时，最重要的是院子里的这棵樱桃树，会让你们更加喜欢这里的。"

当销售员提到樱桃树的时候，客户的眼睛立马闪现出愉悦的光芒。

可见"樱桃树"就是买下这所房子的"重点问题"。

销售员通过观察客户的细微表情，敏锐地发现了客户对樱桃树的喜欢，于是在接下来的沟通中"樱桃树"成为一个"重点"，多次被销售员提及。销售员正是抓住了这一点，因势利导，不断对客户进行暗示，给客户加深了购买的一个理由，从而唤起甚至创造客户内心对于产品和服务的需求，恰到好处地对其进行说服，结果取得了成功。所以说，要想获得成功，就要找到客户关心的"重点问题"，进行重点突破，及时满足客户。

如何抓住客户关心的"重点问题"进行"重点"说服，可以参考以下几点：

✦ 面对客户的需求，抓住产品的主要优势进行有重点的介绍。

✦ 货比三家，优者胜。面对客户的异议，最好找几家同类产品进行对比，突出自己产品的优势。

✦ 主动询问客户——产品价格比客户的预期高出多少？

销售警语

♣ 在介绍自己产品的优势时，必须确保这些优势是客观存在的，而不是忽悠客户，介绍的时候一定要充满自信，态度诚恳，免得给客户留下这种印象：为了成交啥话都敢说，啥牛都敢吹。

♣ 必须针对客户的实际需求向客户介绍产品的优势。如果介绍的产品益处和客户的实际需求并不符合，那么，即使这种产品的益处再大，也不能够激发客户购买的欲望。

● 将产品的优势转化为客户的利益

成功的销售员总是能够巧妙地把客户关心的问题与产品的介绍融合起来，将产品的优势有效地转化为产品所能够给客户带来的利益，进而将产品的优势凸显出来，让客户清晰明了地知道自己购买产品之后将获得哪些好处，让客户在正式拥有产品之前，先通过想象对产品进行完美的体验，这样最容易成交。

所以作为专业的销售员，工作的重点就是找出客户购买此种产品的主要诱因是什么，以及客户不购买这种产品最主要的抗拒点又是什么。

曾有一位电磁炉销售员向一位老太太推销电磁炉，销售员告诉老太太使用电磁炉是怎么怎么的方便，可是这位老太太似乎对这些不感兴趣，面对销售员的推荐不住地摇头。

后来，销售员无意中问了一个问题才打破了销售僵局。

销售员："电磁炉很多年前就有了，现在每个家庭都普及了，您怎么现在才打算买啊？"

老太太："听说用电磁炉太费电了，我们不敢用啊！否则每月的电费都交不起！"

销售员终于明白老太太购买电磁炉最关心的问题了，于是她决定找一款比较省电的电磁炉，并且为老太太算了一笔账："我们的这款电磁炉是最省电的。和其他家的电磁炉相比，每天可节省 0.5 元钱的电费，一年就可以节省

182.5元。而我们的电磁炉才180元，您看多划算啊！"

老太太听了很高兴，当时就掏钱买下销售员推荐的电磁炉了。

在销售过程中，每件产品都有自己的优势，每个客户都有自己的利益点，而我们销售员的工作重点就是将这些产品的优势巧妙地与客户的利益点结合在一起，让客户能够深切体会到拥有该产品之后给自己所带来的最大化的利益，客户能够认识到这点，成交的机会就成熟了。

有客户来售楼处买房子。

销售员："您好，需要我帮忙吗？"

客户："你给我介绍一下你们的楼盘吧！"

销售员："您需要什么地段的楼盘呢？"

客户："你的这个楼盘看上去和东街地段的楼盘差不多，你给我详细介绍一下，我做个对比，如果你这里楼盘合适我就在你这里购买！"

销售员："其实，我对东街楼盘也比较熟悉，我将这两个楼盘之间的差异给您介绍一下吧！"

客户："好，太感谢你了！"

销售员："我们先对比一下交通条件，我们这个楼盘紧挨着地铁和长途汽车站，去哪里都方便，而且升值的空间很大。再看看周边的其他设施布局，这附近有三家大型超市，一所高中，两所初级中学，还有五所幼儿园，六栋办公楼，上学，工作都很方便……"

客户："嗯，这个我已经考察到了，你说一下差异吧！"

销售员："虽然我们的装修比不上东街地段的楼盘，但是我们的价格相对很低，这为您节省了一笔不小的开支，如果您想要按照自己喜欢的样式对房子进行装修，这笔钱足够了，甚至还能用这些钱添置几件精美的家具。"

客户："嗯，对，我还是喜欢装修得与众不同一点！"

销售员："我们的楼盘与其他楼盘相比，我们的房间布局既简单又实用，空间利用率也很高。此外，我们在卧室中还特别设计安放了书桌和办公桌的位置，方便您看书和上网，这一点可是其他楼盘所不具备的哦！"

客户："嗯，不错，经过你这么一分析，我觉得在你这里买房子是最划算的。"

在这个案例中，销售员面对客户的询问，先是告诉交通条件上面的优势，后来又从上学、购物、就业等方面进行了分析。虽然装修上不占优势，但价格上占优势，这种优势可满足客户在装修方面的个性化需求，缺点瞬间转换成优点。聪明的销售员将产品的优势转化成客户的利益，不得不让客户心动。另外，销售员在做楼盘对比的时候，没有直接说东街楼盘的不好，而是只说对比之后自己楼盘的优劣势，避免了诋毁竞争对手的言语，显得大气有素养！

因此，作为销售员在与客户沟通的过程中不能只单纯讲自己产品的优势，这样客户不觉得与自己有多么大的关系，只有将产品的优势巧妙地与客户的利益联系起来，客户才能觉得这件产品与自己有重大关系，才能感受到拥有这种产品对自己的重要意义，才愿意付出金钱让自己的利益最大化。

销售警语

♣ 对自己产品的优劣势有明确的认识。作为销售员必须对自己的产品有全面的了解，并且能够精准说出优劣势。面对客户的时候能够准确到位地呈现给客户，而不是结结巴巴，显得底气不足。

♣ 一定要阐述清楚产品与客户利益的关系。给客户推荐产品绝对不是简单将自己的产品优势告诉客户，而是将自己产品的独特优势与客户的利益密切结合。当客户明白这个道理，自然会选择捍卫自己的利益，并且让自己的利益最大化。

● 为客户编造一个拥有产品后的美梦

每个客户购买产品都是为了满足其使用价值，也就是这件产品能够给自己当下或者未来的工作、学习、生活带来极大的方便。因此，客户在购买这件产品的时候，都会想象自己拥有这件产品之后给自己生活所带来的美好改变。那么，作为销售员要想促成交易，就要想办法让客户需要你的产品，就要激发客户的想象力，让客户憧憬一下拥有这件产品后的美好，当客户开始憧憬的时候，证明客户已经对产品有些心动了，销售员需要通过自己的说辞让客户的这种欲望更加强烈一些，客户就会将心动转化成为行动，进而购买您的产品。

一个人的想象力是惊人的，对于同一个事物，不同的人有不同的看法。因此，这就需要销售员能够用自己专业的语言为客户想象力的展开铺平道路，并能够限制或者发展客户想象空间的能力，这就像制造一个固定的空间、固定的路径，引导客户朝着自己设定好的方向去想象，从而顺利实现销售的目的。

但是有时候销售员费尽了口舌，但客户却无动于衷，这主要是销售员没有能够激发客户的想象力，没有能够让客户联想到他拥有这件产品后能够给他带来哪些好处。因此，在面对客户的时候，不要着急推荐产品本身，而是尝试激发客户对产品的想象力，介绍产品能够给客户带来哪些利益，让客户憧憬拥有这件产品后的美好画面，同时让客户急切地感受到如果不能够拥有这件产品会给自己造成多大的损失。

那么，怎么样才能达到这个目的呢？

✦ 亲身体验更具说服力，更能够激起客户想象力。作为销售员要想能够快速激发客户的想象力，那么必须首先对自己的产品有一个亲身体验的过程，只有这样你才能在给客户描述的时候，讲得出神入化，惟妙惟肖，只有这样才能更有说服力，才能引导客户进入想象的轨道。细节打动客户。如果销售员没有亲身体验的经历，那么他就不可能讲得头头是道，就不可能讲得细致入微，自然无法打动客户，无法激发客户的想象力。

✦ 组织有序的语言，抑扬顿挫的声调，能够增强客户的想象力。销售员在与客户沟通的过程中，声音、语速、节奏等都透漏出自己的情感，都可能影响到客户。销售员要在与客户沟通之前酝酿一下自己的情绪，尽可能压低声音，减慢语速，然后充满自信地向客户介绍自己的产品与客户之间的关系，及当他拥有这件产品之后的好处，这样就很容易"催眠"客户，客户就自然而然地想象了起来。

比如，如果你是客户，当你听到空调销售员的这番话你是否有立刻购买空调的冲动呢？

"今年的夏天真的是太热了，每天太阳像是着了火一样炙烤着大地，下了班，我们又要匆匆忙忙赶回家。当你打开房间，一股炽热扑面而来。这时整个房间就像一个巨大的蒸笼一样，又闷又热，让人一分钟也待不下去。您身上的衣服早就湿透了，就像贴在身上一样，黏黏糊糊的，难受得要死，哪怕是您冲一个凉水澡，一会儿又是一身汗。风扇已经调到了最高转速，但吹出来的也都是热风，只能让人更加的痛苦。但是如果您购买了空调，不过片刻工夫，整个房间变得凉飕飕的，趁着这个工夫，您先去冲个澡，换上一身居家短裤T恤，往床上一躺，那该是一种什么样的享受啊……"

这位销售员先是将没有空调的痛苦陈述了一遍，最后得出：没有空调，生不如死。当客户听到这些话的时候不由得心里发怵，有种自己正坐在没有空调的屋子里，汗流浃背，心烦意乱，空气黏糊糊的，甚至每呼吸一口空气都有种灼烧呼吸道的感觉。一台空调，可以改变一切。然后，将拥有空调之后舒适的场景——描述，仿佛一股清流从头到脚，这种舒服的感觉无以言表。通过前后反差对比，客户自然会选择空调，而不愿躲在没有空调的屋子里面受罪。

比如，销售打印机的小伙子这样对自己的客户介绍："家里有这样一台多功能打印机，会给您的生活和工作带来无穷的乐趣和便利。当客户打电话过来说需要传真，您再也不必找传真机，只需要轻轻按下接收传真键就可以了；如果您需要把一些重要的图片放在电脑里，不用去找扫描仪，只需要将图片放好，按一下扫描按键，资料就会自动输入您的电脑；如果您需要的资料很多，也不必到外面去复印，自己就可以做。另外，您还可以利用它制作自己喜欢的各种照片，照片形象逼真，会让你爱不释手。"

这台打印机的功能齐全，拥有它无异于拥有了一位私人助理。不仅能够为自己节省更多的时间，而且还可以让你的生活丰富多彩，这样的打印机谁不喜欢呢？

可见，在销售的过程中，我们要学会为客户造梦，激发客户的想象力很关键。为客户造出来的梦越生动，越能让客户感同身受。我们不仅要为客户造梦，还要帮助客户圆梦，客户圆梦了，我们也就圆了我们的成交梦。

销售警语

♣ 学会为客户造梦。销售员在为客户造梦之前不仅要对产品的功能进行了解，还需要对客户的需求进行了解，然后将产品的功能与客户的需求进行巧妙的对接，巧妙引导。不妨多用用这样的语言，比如："你可以想象一下，如果用了我们的产品，你的家庭将会有怎样美好的变化啊？"

♣ 打铁还需自身硬。我们是给客户造梦，但绝对不是过度渲染我们的产品。我们通过造梦让客户购买了我们的产品，但前提是我们的产品有自己的独特优势，让客户用了我们的产品之后发觉和"梦中"的一样好，甚至超越了客户的想象，这样才算是完美的成交，后续才能有更多的成交。

● 说破产品瑕疵让客户自己来做选择

世界上没有十全十美的产品。客户及其需求也是千差万别，即使同一款产品在不同人的眼中也会有不同的评价，有的客户认为这件产品太完美了——"此物只应天上有，人间能得几回见"，立马下手买走，唯恐速度太慢被别人抢走，后悔莫及；但在有的客户眼中，这个产品全身都是毛病，没有任何购买的价值，甚至白送给他，他都觉得占地。我们设计、生产的产品是为了满足大众的需求，但绝对不是为了满足个别人的特殊需求。因此，针对同一款产品我们不要指望所有的人都去赞美，允许有批评的声音存在，这样我们才能不断完善，争取更多的人满意，这也是我们前进的动力。

面对客户的挑刺，我们没有必要去争辩，更没有必要为了一个客户花更长的时间周期去说服。产品的瑕疵就是瑕疵，不会因为我们的争辩而立刻减少，与其这样还不如大大方方承认自己产品的瑕疵问题，让客户去选择。

销售员在向客户介绍自己产品的时候，一定要实事求是，不能为了卖掉自己的产品夸大其词，将瑕疵也说成一朵花。如果销售员在向客户推荐自己产品的时候故意隐瞒瑕疵，只会让推销的工作更加艰难。千万不要将产品的瑕疵当作一项秘密，不管你是有意无意，一旦客户自己发现了那些瑕疵，客户只会认为你在欺骗他，而且是有意隐瞒，这样不仅会导致个人信誉丧失，产品的品牌、企业的形象等同时也会受到极大的损失。

销售员不要担心客户知道了产品的瑕疵而放弃购买。如果产品的功能能够满足客户内心的需求，说明这件产品对他已经有了足够的诱惑力，他已经接受了这件产品，即使产品有点小小的瑕疵，也不值得一提。

有家房地产公司楼盘业务一直处于萎靡不振的状况，只因为这个楼盘的周围有几家工厂，邀请来的客户只是走马观花地看看就放弃了，他们都觉得销售员不够诚实，没有将楼盘的周围具体情况给他们说明白，然后一去不复返。房地产公司的老板着急，员工也着急，可是谁也想不出更好的办法来，只能干着急。

后来房地产公司邀请了著名的地产策划师，想让他们帮忙解决这个困境。考察之后地产策划师说："楼盘销售员在给客户推荐房子的时候不要隐瞒周围的环境，而是直接告诉他这个楼盘的真实情况，甚至可以夸大说。"

虽然房地产公司的上上下下表示不理解，但这也是当下没有办法的办法了，无论是否有效果试了再说。

后来，销售员再次见到客户的时候说道："我们楼盘四周有几家工厂，只要开工大家都觉得吵得慌，因此我们楼盘的价格自然会便宜很多，我们特意说明这点，希望您心里有数。"

当销售员说完这句话的时候，有很多客户选择放弃。但是有一些客户却表示怀疑，他们觉得一般别人卖东西的时候恨不得夸上天，但这家销售员却将自己的楼盘说得一文不值，这葫芦里面到底卖什么药？顿时充满了好奇，于是决定去亲眼看看。当客户到这个地方的时候发现，并非就像销售员说的那样糟糕。毕竟在城市生活，到哪里都有噪声。甚至有人还责怪销售员："哪有你说的那么严重，你差点让我错过了发财的机会！"

由于客户起初对楼盘没有报多大的期望，当来了之后发现比预想的好多了，除了稍微偏远一点，其他条件都不错，尤其是价格非常优惠，因此，这个楼盘一下子就销售一空。

因此，当我们面对产品的瑕疵的时候，不要去隐藏，客观真实地去面对，这不仅是对客户负责，更是对自己，对产品的品牌，对企业形象的负责。当你隐藏瑕疵，客户发现了就认为你是在欺骗他，当你将自己的瑕疵客观展示在客户目前，客户才觉得你是一个诚实的人，即使产品真的有瑕疵他也愿意买，因为在这个世界上谁都愿意与靠谱的人在一起！

销售警语

♣ 介绍产品要真实客观。向客户推销产品的时候应该实事求是，不能为了自己的利益夸大产品的功能。

♣ 敢于向客户坦诚"瑕疵"。向客户坦诚"瑕疵"并非是贬低自己的产品，而是一种客观负责的态度。只有认识到自己产品的"瑕疵"从而不断完善，才能逐渐打造出真正的民族品牌，才能赢得更多的客户。

● 用客户自己的话来说服客户

用客户自己的话来说服客户，其实就是销售员顺着客户说过的话的思路，站在客户的角度，见缝插针，巧言善辩，拉近与客户之间的关系，探知自己想要知道的信息。摸清楚客户的消费心理后，再沿着他的想法和需求，顺藤摸瓜，将客户需要的产品推荐给他。在这个过程中既能够让客户如沐春风，又卖出去了产品，一举两得，因为一方面没有哪个客户会反对自己说的话，否则无异于自己打脸；另一方面，销售员始终遵从客户的思路往下走，客户受到极大的尊重，内心也得到了极大的满足，容易赢得客户的信任。

比如，有客户走进玩具店，销售员上前接待："您好，打算为孩子买什么玩具？"

客户："我是打算给孩子买玩具，但我不知道买什么才好？现在的孩子太难伺候了！买什么玩不了多久就不喜欢了。"

销售员："的确，现在的小孩子都是被家里百般疼爱，买什么都难以长久满足他，好奇心一过就不喜欢了。要想让他完全听家长的话太难了！"

客户："对啊！我给他买了很多的气球，结果他一个一个都踩破了；我给他买画册，他都撕掉了。不管什么玩具，都玩不了几天。"

销售员："这也不能完全怪孩子，这是他接触这个世界认识这个世界的一种方式，也是孩子成长的必经阶段。再说了不是您一个家庭的孩子出现这种情况，几乎每个家庭的孩子都会出现这种情况。您的孩子是男孩还是女孩？"

客户："男孩。话又说回来，现在的玩具质量不是很好，另外，很多玩具采用的材质对孩子的身体有伤害，我想为孩子选个玩具都困难啊！"

销售员："的确，现在的一些不良商家，为了节省更多的成本，赚取更多的利润，偷工减料，利用不符合标准的材质进行制造，对孩子和家长都造成了伤害！"

客户："可不是嘛！这些人难道就没有孩子吗？真让人气愤！"

销售员："这些人也真是可恶。这样吧！我做少儿教育培训多年，对小朋友的心理还是有一些了解，要不我帮您推荐几款玩具，您看怎么样？"

客户："好啊！"

销售员："这种飞碟玩具绝对适合您家的孩子，因为绝大多数的男孩都有飞向太空，领略宇宙浩渺的理想，这种玩具可以起到启蒙的作用。飞碟它不像气球那么易碎，也不会像画册那么容易被撕掉，最为关键的是飞碟质量好，采用国家要求的无公害材质制造，扫描二维码就可以验证真伪，如果不相信您可以试试。再说您的孩子聪明，对新鲜的玩具肯定是一学就会，像这种操作复杂的飞碟，他一定能够长时间地喜欢，这您就不必为了寻找更新更好的玩具费心了，而且这种玩具可以让他开阔视野，培养他开朗的性格。"

客户："这个飞碟多少钱啊？"

销售员："180元，但还赠送两个遥控器。"

客户："太贵了吧？"

销售员："的确，目前市场上同类商品都比较贵，主要这也算高科技产品，而且质量好，材质无公害！再说贵是贵点，只要孩子能够喜欢的时间久一些，对孩子身体无伤害，这不正是我们需要的吗？"

客户："你说得没有错，但我觉得超出了我的预算。"

销售员："这个飞碟在网上也要卖200多元，在万达这样的商场一般卖到350多元。我也能够理解做父亲的不容易，这样吧，给您便宜20元，160元怎么样？"

客户："就别160了，150怎么样？"

销售员："您既然这样说了，我还能怎么样。那就按照您说的来，只要您孩子喜欢。"

最终客户爽快地掏钱买下了飞碟，另外还购买了一辆遥控小汽车，并且还特别感谢销售员帮他介绍如何识别无公害材质，如何掌握小孩的心理活动。

销售员之所以能够顺利推销出去玩具，一方面是她对孩子喜新厌旧的心理掌握得很好，这正是客户最难以解决的；另一方面，在沟通的过程中销售员处处站在客户的角度，帮助客户解决问题，赢得了客户的信赖。

有抱怨的地方就有生意。在销售员的引导之下，客户说出了让他很忧心的几个方面，而销售员没有对他的话进行反驳，反而是先认可客户的话，然后借助客户自己所说的话找到证据来证明其正确性。既尊重了客户，又帮助客户找到解决问题的答案。

所以，当陌生客户提出自己的观点时不要着急反驳，不妨先认可，让客户感受到你与他是"同一伙"的感觉，让客户觉得被你尊重。在说话的过程中投其所好，认可客户观点之后，沿着客户的思路往下走，但绝对不能忘记自己的目的。之所以要沿着客户的思路是因为只有这样才能揣摩清楚客户的心理，才能说到客户的心坎上，才能打动客户，才能与客户成交。

销售警语

♣ 认可不等于完全服从。我们首先要认可客户的观点，是为了让客户放松警惕，摸清楚客户内心的需求。销售员在认可客户观点的同时，不能忘记自己沟通的目的——借助客户的观点，证明自己观点的正确性。

♣ 用客户自己的话来说服客户。销售员在与客户沟通的过程中要投其所好，循循善诱。善于利用客户自己说话的习惯、语气、神态等来说服客户自己，这样客户不好意思反驳，否则无异于打自己的脸。

● 给足客户面子，他就给你足够的金子

面子是大多数人都十分看重的，如果你给我面子，我可以成全你；如果你不给我面子，我可以毁灭你。可见，面子对一个人有多么的重要。作为销售员也要抓住客户爱面子的特点，给客户创造能够展示其面子的机会，当客户赚足面子了，自然会回报你，最直接最简单的方式就是购买你的产品。

下面有一个销售不当的例子。

有一位年轻时尚、打扮时髦的女性走进一家高档服装店。

面对销售员热情的欢迎，客户没有说话，而是径直走向这个店最高档的服装区，并在一款高档黑色套装面前停了下来。

销售员赶紧说："您真有眼光，一眼看中了这款套装，这是我们刚刚从国外采购回来的新品，衣料非常讲究，制作很精良，正适合您优雅的气质！"

女士微微露出笑容，但目光依然盯在黑色套装上面。

销售员为了拉近与这位客户的距离又说："您身上穿的这件衣服真不错，国际知名品牌，只可惜目前国内还没有卖的，即使有卖的也是仿冒品。"

客户没有说话，但旁边的客户来了一句："哦！那现在穿的可能就是仿冒品了？"

这位客户突然转身，有些不悦地看了一眼销售员，头也没有回地离开了。

这笔业务没有成功正是因为销售员最后一句话没有给客户面子，甚至伤害

到客户的面子。要知道，如果我们能够给客户足够的面子，他就会给我们足够的金子。皮鞋销售员柯特就给我们提供了很好的例子。

客户走进鞋店后，柯特就赶紧上前接待："欢迎光临，有什么能够帮助您的吗？"

客户："我想看看皮鞋，不要系鞋带的，42码，有合适的吗？帮我找找！"

柯特："请坐，我立马帮您找一双试试！"

客户坐下了。

柯特端着鞋盒走向客户："您看看这款皮鞋怎么样？新上市的，穿上之后显得大气上档次、有品位。"

客户："看着挺不错，不知道穿上怎么样？我先试试吧！"

鞋子穿上后，客户在镜子面前转了好几个圈，似乎很满意。

柯特："您感觉怎么样？"

客户："不错，大小合适，穿起来也挺舒服。这鞋子多少钱？"

柯特："1980元。"

客户："哎呀！怎么这样贵啊？"

柯特："是这样的先生，这款皮鞋是新上市的，所用的皮质很好，做工也非常精良，款式也很新颖，是专门为您这样的成功人士精心打造的。您穿上这双皮鞋更能够衬托出您超凡的气质！"

客户笑道："是吗？很不错，我喜欢，那我就买这双皮鞋吧！"

柯特之所以能够成功交易是有原因的，他恰到好处地赞美客户，让客户的面子充分体现出来，赢得了客户的欢心，使得销售能够圆满成功。

那么，销售员怎么做才能让客户觉得自己很有面子呢？

✦ 赞美是给客户面子的最廉价的方式。销售员面对陌生的客户应该进行细微观察，对那些爱面子的客户，一定要给予更多的赞美，让客户的面子得以体现，让他觉得你是个识货人。客户高兴了，一切都好说。

✦ 给客户创造有面子的机会。如果这个客户没有可以给面子的机会，那么，销售员就要创造给客户面子的机会。比如，除了基本的赞美之外，还可以将客户领到价值比较高的商品面前介绍，以此来抬高客户的身价，让客户觉得自己被看重，觉得自己很有面子。

销售员无论怎么做，只要让客户觉得自己有面子，客户就会高兴，就愿意为看重自己的人付出。

销售警语

♣ 给面子也要因人而异。有的客户喜欢听别人对自己的赞美，但有的客户并非如此，销售员的赞美，他觉得都是为自己挖陷阱，警惕性会提高，不利于成交。因此，给客户面子应该因人而异。

♣ 给客户创造面子需要注意的问题：一是对客户要仔细观察，寻找创造面子的条件；二是态度一定要诚恳，否则客户会觉得虚伪；三是语气要平和、积极、乐观，如果面部表情夸张、声调高昂，那谁都受不了；四是切勿过度渲染，很多客户还是有自知之明的，如果销售员过度渲染客户的某个方面，客户会觉得销售员很虚伪。

CHAPTER 4

第四章：
巧妙提问，摸清客户的真正需求

　　你会提问吗？和客户聊了好久，依然找不到客户真正想要什么该怎么办？好的问题可以让你快速摸清客户门路，抛弃不靠谱的话术技巧吧，和我一起从提问开始，了解客户的真实需求。

● 抛砖引玉，好问题引出客户真需求

对销售员来说，面对客户不仅要寒暄更要提问。通过提问能够了解客户隐藏的需求，很多客户也许只知道大概需要买的东西，但是具体该买什么、买哪款等并不是很清楚，甚至有的客户连自己需要什么也不明确，只是感觉自己或者家庭需要点什么，这样的客户购买很随机，到商场转一转，遇到适合自己的就购买了。针对这种隐藏需求的客户就需要销售员采用抛砖引玉之术，一步步引导，最后锁定客户真正需求的产品。

情人节前夕，销售员戴维敲开了一户人家的门，打算推销自己的化妆品，开门的是一位四十岁左右的男士。

戴维开门见山地说："先生您好，我是化妆品公司的，我是来向您推荐我们新生产的一款化妆品。"

男主人很客气地说："不好意思，今天我爱人不在家，你下次再来吧！"

戴维得知女主人不在心里有些失落，不过他灵机一动突然来了主意说："我不是来找您爱人的，我是来特地找您的！"

男主人有些惊讶："找我？我又不用化妆品。"

戴维赶紧解释道："您有所不知，我们公司最近生产了一批与众不同的化妆品，所以我来特地推荐给您。"

"哦！有什么与众不同？"男主人来了兴趣。

"众所周知，女性都比较喜欢化妆品，但大部分都是她们自己掏腰包来购买，如果她亲近的人把化妆品当作礼物送给她，相信她一定非常的开心。所以我们把这款化妆品设计成别致的'心'的形状，因为'心'代表着疼爱和关心。情人节马上到了，您买一款送给您的爱人，不就表达了您对您爱人的疼爱和关心嘛！当她看到您买给她的礼物一定很感动，而且非常的开心！您说呢？"

男主人显然心动了便问："这款化妆品多少钱？"

就这样戴维很快与这位男士达成了交易。

通过上面的案例可见，大部分男士的确没有用化妆品的需求，但销售员利用男士对爱人的感情，以给爱人送礼物的名义，让客户购买了一套化妆品，这就是用抛砖引玉的方法，深入挖掘客户潜在需求而取得成功的原因。

每个商品都有它的使用价值，我们在寻找买主的时候，眼睛不能只盯着有直接需求的客户，还应该挖掘潜在客户，只有这样才能扩大我们的客户群体，从而将产品卖给更多的客户。

尤其当我们面对客户，但不清楚客户具体需求的时候，一定要采用抛砖引玉之术，通过层层剥离那些阻挡我们视线的不正确信息，最终找到客户真正的需求。

英帝拉是英国一家 4S 店的销售员，一天店里来了一位客户，英帝拉赶紧上前接待，简单寒暄之后，英帝拉问道："先生，您喜欢什么款型的？"

客户："我也不知道具体买什么款型的！"

英帝拉："是您自己开还是……"

客户："我女儿马上 20 岁生日，我想买辆车作为生日礼物送给她！"

英帝拉："您的女儿收到您精心挑选的礼物肯定会非常开心的，您是懂车的，您一定为您的女儿想好了买什么车吧？"

客户："嗯，安全是第一位的，安全系统一定要很高；其次就是舒适，小孩子喜欢开车到处玩，必须要舒服；最后就是外观要好看，因为毕竟是女孩子开嘛，外观不漂亮她肯定不会喜欢。"

英帝拉："父爱伟大啊！为女儿想得如此周到，那么，动力方面有什么要求吗？"

客户："动力没有什么要求！"

英帝拉："安全、舒适、外观漂亮、动力一般，这样说起来比较符合您需求的车型我们店里有三款，我带您参观一下！"

客户："嗯，好！"

当客户的需求模糊时，英帝拉通过抛砖引玉式的提问将客户的需求从大框架引导到具体的点，从而很快就找到了客户真正的需求，并促成了销售。

提问要想达到抛砖引玉的效果，必须懂得发问的技巧。

✦ 客户关心什么问题就提什么问题。客户关心什么证明他对什么感兴趣，只要客户感兴趣那就是客户的痛点，针对客户的痛点有针对性地提出问题，才能与客户有可聊的话题，才能引起共鸣，才能有的放矢。

✦ 学会引导，让客户跟着你的思路前进。好客户不仅要培养，还需要引导。销售员在引导的过程中一定要有明确的目的，但目的不能暴露出来让客户看到，目的先隐藏起来，以帮助客户解决问题为出发点，通过不断提问，问题由浅入深，引导客户不断思考，不断给出答案，最后将自己的目的与客户的需求完美对接，成交就可以完成了。

销售员一定要记住，在向客户提问的过程中一定要把握住节奏，不要接二连三地提问，避免给客户造成压力，让客户产生反感情绪。当提问超过五个问题的时候，就应该换一种方式与客户沟通，其实前面五个问题就是"维修沟通通道"，接下来就是水到渠成，让客户说出自己的需求。

销售警语

❖ 顺着客户的爱好进行提问。销售员在向客户提问的时候，一定要找准一个"点"，这个点就是兴趣点，只有找到兴趣点客户才能畅所欲言，最终才能锁定客户的需求"点"。

❖ 尽量避免连续提问。在向客户提问的过程中一定要把握住度，如果提的问题过多，而且难以回答，客户就可能产生反感，不愿意回答任何问题。此时，销售员一定要转变思路，缓解紧张气氛，聊点轻松愉快的话题，然后再由浅入深。

● 因势利导，挖掘出客户的潜在消费力

在日常生活中，每个客户都有不同的需求。有的客户本身需求很明确，不需要销售员过多的推荐就购买了，但是他购买了并不意味着他所有的需求都满足了，其实他还有巨大的购买潜能，只是有待开发而已。那些优秀的销售员不仅满足了客户当下的需求，还能够最大限度挖掘出客户的潜在消费能力。当然也有一部分客户面对销售员的推荐找各种理由拒绝，并非客户真的没有需求，只是销售员没有能够因势利导，更没有激发客户的潜在消费力。

其实，销售员要想激发并挖掘出客户的消费潜能，最关键的一点就是要学会因势利导，挖掘那些连客户自己都没有注意的需求，激发他们的购买欲望。那么以怎么样的方式挖掘呢？当然是通过对话沟通，了解客户"最初"购买的用途、功能、款式等，然后逐渐挖掘，最后根据客户的需求，对款式、颜色、功能等进行"组合设计"，给客户呈现出最终能够满足其需求的产品的立体形象。

下面这个案例我们可能看到千百次了，但很有必要在这里再说一遍。

一位老太太上街买水果，路边有好几个水果摊，各种水果应有尽有。

老太太来到第一个水果摊前：

老太太："你的李子味道怎么样？"

商贩一："我的李子既大又甜，而且还不贵，您要几斤啊？"

老太太摇摇头走开了。

老太太来到了第二家水果摊前：

老太太："你的李子味道怎么样？"

商贩二："我的李子是刚上的新鲜货，您要不尝一尝？"

老太太还是离开了。

老太太来到了第三家水果摊前：

老太太："你的李子味道怎么样啊？"

商贩三："我这里的李子啥口味的都有，要几斤？"

老太太再次离开。

老太太来到了第四家水果摊前：

老太太："你的李子味道怎么样啊？"

商贩四："老太太如果您自己吃我建议买这种已经熟透的，既软又甜。如果给年轻人买我建议买这种七八成熟的，虽然有点硬也有点酸，但嘎嘣脆很爽口！您是要哪种？"

老太太："我要酸一些的。"

商贩四："哦！老太太，一般人都喜欢要甜的最怕酸的，您为什么只要酸的呢？"

老太太："我儿媳妇怀孕了，就想吃点酸李子。"

商贩四："老太太您对您的儿媳可真好，将来儿媳肯定会为您生一个大胖孙子。李子要几斤？"

老太太："来二斤吧！"

商贩四："电视上都说了怀孕期间营养一定要跟上，这样生出来的孩子脑子才聪明，将来考个名牌大学肯定没有问题。猕猴桃有多种维生素，要不要来几斤啊？"

老太太："来三斤！"

为什么同是一条街道，四家水果摊，它们水果质量，价格都很相近，但第四家却取得如此大的成功呢？这是因为第四家商贩挖掘出了老太太的消费潜力。

当前三家水果摊听到老太太要李子的时候，直接问"要几斤"，不问这水果到底是自己吃还是给别人买，从服务的角度来说不够贴心。第四家商贩却进行层层因势利导，深入挖掘老太太的需求，还对老太太恭维了一番，极大满足了老太太马上要得孙子的喜悦心情，而且还给老太太一个美好的憧憬——"大胖孙子""名牌大学生"，老太太能不高兴吗？

那么，销售员在因势利导客户的时候应该注意哪些问题呢？

✦ 要全面了解你的客户。只有全面了解客户才能全面掌控客户，才能在推荐产品的时候"投其所好"。

✦ 推荐产品的时候一定要突出独特优势。销售员在向客户推荐产品的时候，介绍产品的优势是必不可少的，但是要记住在介绍的时候不要眉毛胡子一把抓，如果话说了一大堆，但客户没有听清楚这个产品的优势是什么，那你的话就白说了。

✦ 沟通要深入，切忌只停留在表面。和客户沟通的时候，不能只停留在客户所说的需求表面，如果这样只能卖给客户一件产品；但若是能够和客户深入地沟通，这样不仅能卖给客户一件产品，十件、一百件也是有可能的，而且客户会变成一辈子的老客户。

◆ 沟通内容要宽泛。每个人不是孤立存在的，要想通过一个客户带动更多的客户，那么就需要销售员在与每一个客户沟通的过程中注意扩大沟通的范围。不仅可以和客户聊他当下所需要产品的内容，还可以聊聊客户家庭成员的年龄大小、兴趣爱好等。如果当下这一个客户聊得很好，他就会将身边的七大姑八大姨介绍给你，这样你的客户资源就会越来越多。

总之，在引导客户消费的过程中，不仅要了解当下的需求，还要挖掘客户的潜在消费力，这是一个成功销售员必须具备的技能。

销售警语

❖ 全面了解客户的需求，重在挖掘其消费潜能。客户只需要一双鞋子，但是买了鞋子之后发现和鞋子搭配还需要一条裤子，和裤子搭配还需要买一件上衣，如果再配一条丝巾就更加完美了……由一双鞋子到裤子、上衣、丝巾就是消费潜力不断挖掘的一个过程。

❖ 学会引导你的客户进行消费。在引导的过程中要全面了解客户，不仅了解客户本人，客户的家庭成员、周围邻居都是了解的内容，他们都是你未来的客户，关键看你怎么去引导了！

● 换位思考，从客户角度帮助客户解决问题

销售员如果想让客户心甘情愿地掏钱买单，就必须学会换位思考，站在客户的角度帮助客户解决问题，这样才能真正打动客户。如果销售员自始至终站在卖产品的角度，不仅无法理解客户的心情，还会让客户感觉你就是冲着他的钱来的，而不是真正地帮助自己解决问题。如果给客户有这种感觉就很难达成交易，因为客户时刻警惕着，销售员介绍得越多，越是让客户心里不踏实。

其实，销售就是与人打交道的艺术，换位思考，就是站在客户的角度帮助客户解决内心真正需求的过程，说白了就是从情感上打动客户，让客户的心与销售员的心紧紧绑在一起，销售员所思所想正是客户所思所想，这样才能赢得客户的心，才能水到渠成地成交。

丽贝卡的工作是推销化妆品，她服务的对象就是那些化妆品店的老板，说服他们来销售自己公司的化妆品。这天她去拜访一位老客户，当她走进店里的时候，发现店老板躺在沙发上看电影。

丽贝卡便问："姐，您的小日子过得很舒坦啊！好羡慕啊！"

客户："哎！谁想整天这样闲着啊！可是现在生意越来越不好做啊！你看我的店里还有几个客人啊？对了，你那化妆品我几乎没有什么利润我就没有往货架上放！"

丽贝卡："姐，我的化妆品上架不上架无所谓，您店生意才是大事情。对

了，上个月我来您的店里感觉生意还挺好的，怎么短短一个月就会发生这样大的变化呢？"

客户："你可不知道啊！我们店周围又开了几家化妆品店，有了竞争对手，我的生意就大不如以前了！"

丽贝卡："原来是这样啊！姐，您也别着急。您这家店依然有自己独特的优势，比如您周围有好几个高档小区，有了这些得天独厚的优势，相信重新赢回客户不是多么大的难事。要不这样吧！我之前也有过开化妆品店的经验，我们一起分析分析，看那几家化妆品店的优势在哪里？知此知彼才能打赢这场战斗！"

客户："那几家店开业没有多久，为了吸引更多的客户，他们三天一小促五天一大促，而且今天六折明天五折，很多客户都跑到那些店去了！"

丽贝卡："原来是这样啊！那些店只能短时间内搞一些促销折扣活动，如果长期做活动是不可能的，再说了客户都跑那些新店，是因为对新店有些新鲜感而已，去一两次两三次新鲜感过去了，不可能像现在这样冲动了！所以，我建议您将您店里陈列布局变一变，将橱窗的广告也换一换，再上一些新的化妆品，这样不就有新鲜感了吗？另外，您也可以选一些利润点高，销量好的产品，隔三岔五做一些促销活动，照样可以吸引一些客户回头来您这里消费了，您说是吧？"

客户："不错，不错，你说得很有道理！"

丽贝卡："我们公司最近推出几款新的化妆品，客户反响还不错，正好适合做促销活动，您可以试试看！"

客户："好，给我订一些！"

通过丽贝卡的成功可以看出，她从进客户的门得知客户生意不如意的时候，就没有再急切地推销自己的产品，而是站在客户的角度考虑，不仅为客户的生意不如意感觉到惋惜，更重要的是她站在客户的角度思考，帮助客户出谋划策，真正地帮助客户解决问题，让客户有生意做，客户也没有将丽贝卡当外人，所以很快接受了丽贝卡的推荐。

那么，销售员在换位思考的时候，如何顺理成章地推荐自己的产品呢？在这个过程中需要注意哪些问题呢？

✦ 在与客户的沟通中找到客户真正想要解决的问题。

✦ 换位思考替客户说话。如果销售员一直站在自己的角度思考问题，容易引起客户的戒备，最终很难达成成交。如果销售员站在客户的角度思考问题，能够引起与客户的共鸣，容易让客户对你产生信任，那么成交就是轻而易举的事情了。

✦ 真正帮助客户解决问题。当客户面临自己解决不了的问题时，就会希望有人能够帮助自己解决。如果销售员能够站出来帮助客户解决他的问题，那么客户就会产生感恩之情，这样一来，产品的销售自然不成问题。

✦ 在恰当的时机提出恰当的要求。没有无缘无故的爱也没有无缘无故的恨。销售员帮助客户的最终目的是为了推销自己的产品，那么向客户推荐自己产品的时候一定要把握时机，在恰当的时机提出恰当的要求，只有这样客户才能欣然接受。

　　只有换位思考，才能让客户觉得你不是一个自私的人；只有换位思考，客户才能觉得你是个值得信赖的人；只有换位思考，才能做到有的放矢，顺利成交。

销售警语

　　♣ 换位思考很关键。如果不能换位思考，销售员说自己的，客户说他自己的，彼此不能同频，只能让彼此的心距离很远，成交距离更远。如果能够换位思考，彼此的心才能在一起，成交就更容易。

　　♣ "创造困难"，换位解决。只有客户有需要解决的困难，销售员才能顺理成章地去帮助解决，才能为换位思考创造条件。如果客户没有困难，那么销售员一定要"创造困难"，找准痛点，在帮助客户的过程中换位思考，才能真正打动客户的心，为成交打下坚实的基础。

● 解答疑难，以请教的口吻解决客户问题

在销售的过程中，如果销售员能够及时发现客户面临的问题和隐忧，那么销售员就可以做到有的放矢。但如何才能将客户面临的问题和隐忧找出来呢，特别是当客户没有明确表示自己当下遇到了哪些问题的时候。下面我们以打印机销售员毕丽斯的销售经历来说明。

毕丽斯在去见自己的老客户的时候，并没有一开口就推销自己的产品，而是向自己的客户请教道："听说您使用我们这款打印机已经很多年了，我现在正在做一个产品调研的工作，我想向您请教一个问题，方便吗？"

客户："你说吧！"

毕丽斯："您使用的这台打印机正常的使用寿命是 5 年，对吗？"

客户："对的。"

毕丽斯："我们这款打印机现在市场上卖 2000 元，那么每年您的平均投资是多少呢？"

客户："400 块！"

毕丽斯："咱们一年差不多是 50 周，那么，每周的费用应该是 8 元钱吧？"

客户："是的。"

毕丽斯："我知道贵公司的工作时间较长，还经常加班，所以我们假定这台打印机一星期要工作 6 天，那么每天的成本是多少呢？"

客户："1.3 元。"

毕丽斯："如果现在市场上推出一款超速打印机，既能够节省成本又省时，您会选择试用吗？"

客户："那让我试试，看一下效果！"

节约成本是每个企业都会追求的内容，也是企业的痛点和难点问题。聪明的销售员都知道，面对不同的客户有不同的销售方式，上文中的毕丽斯，出于对自己客户的了解，没有一见面就直接指出客户所在企业的痛点和难点，而是先以请教的口吻，通过一系列的提问，不断引导，层层深入，让客户自己得出答案。这样客户就不可能推翻自己的答案，否则无疑是扇自己的嘴巴！客户只能顺着销售员的引导一步步走下去，最终走向成交。

如果一开始销售员就说要帮助企业解决节省成本的大问题，还有可能将客户吓住，甚至警惕。你是谁啊？你想要干什么？你到底什么目的？一旦客户产生警惕，要想再打开突破口就很困难。如果就像上面案例中的销售员，先以请教的方式打开突破口，别人请教你问题你好意思拒绝吗？当然不好意思拒绝了。客户自然没有拒绝，很快参与进来，看似在帮助销售员解决问题，实际上是销售员指挥客户自己给自己"挖坑"，到最后客户自己将自己置于"坑底"，成交就成了唯一的"出路"。

销售员以请教这种方式提问的时候一定要注意以下几个问题。

✦ 不要什么问题都问，比如，隐私与商业机密等。如果这样的问题问多了，可能会引起客户的反感，客户甚至会拒绝回答任何问题，所以作为销售员不要什么问题都问，应该抓住几个关键的、有利于促成交易的问题进行提问。

✦ 当客户给出的回答模棱两可时，销售员切忌慌乱，可以在模棱两可答案的基础上进一步提问，从而让客户慢慢地暴露出自己的真实意图和想法。

✦ 切入到产品推荐的环节时，尽量以提问的方式让客户自己给答案，千万不要强迫客户必须接受你的产品，否则往往适得其反。

因此，在与客户沟通的时候，适时地降低姿态，让客户放松警惕，以请教客户问题的方式切入是完全可以的。而在不断地提问中，客户会不断暴露自己的痛点，销售工作也就能够顺利地开展下去了。

销售警语

❧ 请教不是低三下四。在请教客户问题的时候放低姿态没有错，但是绝对不是低三下四。最好的状态就是请教者与专家两个角色随时互换，当向客户请教问题的时候你是请教者，当面对产品专业问题的时候你就是专家。

❧ 帮助客户不一定立马要回报。很多时候销售员是帮助客户真正地打开了心结，但是客户未必就立马购买你的产品。此刻，千万不要对客户产生抵触的心理，而是应该具有平常心态，客户今天不购买，不代表着明天不购买。

● 连环发问，为客户创造更多沟通时间

销售过程中，大多数销售员都会碰到这样的情况：你兴致勃勃饱含热情地向客户介绍某款产品，客户却冷冰冰地回你一句"我没有时间"。遇到这样的情况，应该怎么办呢？客户是真的没有时间，还是随便说的一个借口？

我们先来看看我曾经指导过的培训公司销售员张天林遇到的一个事件吧。

那次，张天林的公司正好在做一个专业性极强的培训活动——企业管理高端研讨会，这次张天林打算将这个活动推荐给一家大企业的总裁。

很快他拨通了那位总裁的电话。

张天林："张总，您好！我是 XX 培训公司的业务员张天林，您现在说话方便吗？"

客户："不好意思，我现在没有时间，我要去开会。"

张天林："张总，不好意思！我知道您每天很忙，我这里有一个企业高端研讨会，下个月中旬就会召开，这个研讨会所要讨论的内容关系到您公司的利益！还请您给我三分钟的时间，可以吗？"

客户："那你赶紧说！"

张天林："好的，我们这次会议针对像您一样的大企业家，议题围绕如何降低成本，提高效率，优化企业管理和人事选拔制度等方面，对您如此有用，您一定得抽空来听听啊！"

客户："我可能还真没有时间，要不到时候再说吧！我得开会去了！"

张天林："张总，其实，您也知道参加会议所讨论的议题是次要的，现在都在讲圈子经济，来参加活动建立高端人脉对您来说才是最关键的，对吧？因此，我们特地邀请了互联网大佬马云、马化腾、李彦宏，还有任正非、柳传志、董明珠等著名企业家，到时候不仅会现场分享，还会举办其他活动！"

客户："你说的是没有错，但是我们估计没有时间参加啊！"

张天林："张总那这样吧！既然您今天有着急的会议我就不打扰了，您看这样好不，明天我带着研讨会更详细的资料去拜访您，给您做一个详细的汇报，您详细了解之后，至于参加还是不参加您来决定，这样可以吧？"

客户："可是，明天上午我有事情，已经约好啦！"

张天林："那明天下午吧！"

客户："好，明天下午！"

张天林："张总，我可特地去向您汇报的，千万别放我鸽子哦！"

客户："明天下午我在办公室等你。"

张天林："好，不见不散！"

类似这样的案例我相信每个销售员都会遇到不少，但是如何在占用客户时间的同时让客户不反感，或者让本来时间就不多的客户腾出更多的时间给你呢？这就需要方法和技巧了。

张天林的方法就很值得借鉴，他的提问很精巧，适时地根据客户的语言来调整问题的内容，从而让客户不得不接受自己。

第一回合里，客户说自己没有时间，正打算去开会，张天林表示理解，解释说只占用对方三分钟时间，这个要求并不高，很多人都不会拒绝对方这样少的时间要求。因此他得到了继续说下去的机会。

第二回合里，客户又说自己可能没时间。这一次的没时间已经明确表明了客户对此次活动的内容不是特别感兴趣。一般的销售员往往在接收到这一信号后，都会选择结束对话，但张天林没有，他根据企业家对人脉的重视这一心理，从研讨会请到的嘉宾入手，表明若客户参加了，将会得到不少裨益。

第三回合里，客户有所松动，"你说的是没错"表明客户认同了张天林的观点，这预示着他从心里还是看重这次研讨会所请到的嘉宾的，虽然他话锋一转"估计没有时间参加"，给了销售员一个不那么积极的回答，但这次客户的态度已经不是那么强硬了，要打开客户的心理防线，只是时间的问题。

后续的发展很顺利，这位总裁不仅参加了此次研讨会，还和张天林建立了良好的私人关系。

客户没有时间，很多时候并不代表着他真的很忙，作为销售员要能够通过客户的语言来分辨客户的用意，同时注意提问的技巧，连环提问并不意味着用大量的问题淹没对方，让对方无力招架，而是巧妙地抓住客户的心理，适时地转换提问的内容，站在客户的角度思考，从而让客户接受某个产品或者服务。

✦ 给客户提供具体时间，让客户不再拒绝。当遇到客户说自己今天没有时间的时候，一定要追问他什么时候有时间。如果他说最近都没有时间。那可以锁定一个时间点，这个时间点最好是三天之内的某个确定的时间点，如果超过了三天，客户和销售员双方的计划变化性都将加大，这无疑增加了见面的难度。

✦ 给客户两个时间点，让客户选择具体时间。如果客户强调自己今天没有时间，销售员可以为客户提供两种可以选择的时间点，比如："明天上午十点""后天下午两点"，无论客户选择哪个时间点对销售员来说都是好事情，而且销售员都掌握了主动权。如果让客户来决定时间的话，客户很可能告诉你一周后、两个月后，甚至更长的时间段都有可能，这样不仅不利于销售员的销售，而且时间延迟越久推销花的力气越大，难度越大，成交的概率越低，所以要趁热打铁。

销售警语

♣ 不要委曲求全，也不要穷追不舍。销售员在与客户沟通的时候，为了取得客户的好感、赢得信任，不能太过委曲求全从而答应客户的任何要求。在向客户提问的时候也不要一直追着客户问，免得让客户反感，适当时机"冷落"一下客户。

♣ 与客户预约时间点的时候要充满自信。有的客户预约多次都难以预约成功，当销售员再次预约的时候心里就很容易没有了底气，一直唯唯诺诺，低三下四就想让客户给自己一次见面的机会，越是这样客户就越怀疑产品有问题，并且更加不想见面。因此，销售员在预约客户的时候一定要有正确的心理准备：我们是帮助客户解决问题，而不是干见不得人的事情。另外，信心越足成交的概率越高，自己都不相信自己和自家的产品，客户怎么可能相信你呢？

● 旁敲侧击，寻找到客户的隐藏性需求

销售员经常会遇到这样的客户，他没有明确的购物目的，只是抱着来看看的心态，觉得有合适的就买，没有合适的以后再说。其实，这种客户有很强的隐形消费潜能，只要销售员稍微懂点沟通的技巧，就有可能将客户的购物潜能挖掘出来，最终达成成交。

如果销售员一听到客户说"我只是随便看看""我先了解一下"就认为客户没有需求，放弃了对这种客户的挖掘，那么销售员就失去了一次挖掘客户的机会，失去了一次成交的机会。

针对这种隐性消费群体，销售员一定要有耐心，采取旁敲侧击的策略，摸清楚客户的真正需求。销售培训中曾有一个经典案例，主人公是摄影器材店的销售员琳达。

那天店里进来了一位年轻人，他面对琳达的热情接待，只是淡淡地说了句"我就随便看看"。

琳达没有走开，她只是不远不近地站在年轻人身旁，看他的目光从相机上掠过时，琳达问道："看来您对相机挺有兴趣的，是一位摄影达人？"

年轻人没有回话。

琳达见他没有任何表情，又问："您家相机一般是您用得多还是家人用得多啊？"

年轻人："我们家刚生了宝宝，我爱人想给孩子拍一些照片。"

琳达："恭喜您当爸爸了，肯定是一个很可爱的宝宝。"

年轻人笑了，但没有说话。

琳达："那您对照片有什么要求吗？"

年轻人："我爱人就想给孩子拍一些特写，留住孩子小时候的每个瞬间！"

琳达："那您就买一台相机吧！"

年轻人："可是我家里已经有相机啦！"

琳达："现在的这台相机有什么地方您觉得不满意吗？"

年轻人："这个相机旅游时候拍拍风景没有问题，但给孩子拍照片感觉效果不是很好！"

琳达："那应该是卡片相机，这种相机如果拍远景还可以，如果拍近景很容易模糊，尤其人物会显得不够精致。您用过单反相机吗？"

年轻人："曾经用过朋友的单反。"

琳达："您感觉怎么样？"

年轻人："照片效果不错，但是这种相机显得有些笨重，携带不方便。"

琳达："嗯，的确是这样，一旦携带不方便的话，就会错过很多孩子的精彩瞬间，会造成无法弥补的损失！"

年轻人："我爱人就想将宝宝照片做成成长相册，不仅老家的爷爷奶奶看，更重要的是宝宝将来长大了，也可以成为他人生最宝贵的记忆。去影楼太贵了，本来现在有相机的人越来越多，影楼拍摄应该便宜才对，可没有想到现在去影楼拍摄却越来越贵了。"

琳达："没有错，去影楼拍两三次的费用还不如买一台相机，再说孩子在父母亲身边，父亲母最容易捕捉到孩子的精彩瞬间，到影楼摆几个姿势拍的肯定有点不自然。"

年轻人："对，你说得没有错！"

琳达："那我建议买一台既轻便又能够近距离拍照的相机，而且价格又不是太贵的，您觉得怎么样？"

年轻人："太好了，我就需要这样的相机，你这里有吗？"

遇到这样没有明确购买需求的客户，你会怎么做呢？

琳达作为一位资深销售员，非常懂得挖掘客户的潜在消费欲望。

她并没有被年轻人的冷淡击退，而是巧妙地旁敲侧击，让客户主动说出自己的困扰和目前的情况，在了解了客户的问题后，琳达进行了一番专业的回答，给客户提供了一个完美解决困扰的答案。

结果自然是美好的，年轻人购买了一部满意的相机，琳达的业绩也一如既往的好。

我们还会遇到一些客户，他们表面上有明确的购物目的，但实际上对自己所购物的对象及定位都不是很明确，甚至还有可能随时改变主意。那么，销售员只能不断与客户沟通，缩小产品的范围，明确购物的种类、功能、可以接受的价格，并且为客户提供最佳的，让客户觉得物有所值的解决方案。

无论客户的目的到底是什么，销售员都要认真对待，如果仅凭客户口头意思随意给客户推荐几款产品，客户买回家觉得不满意，或者并非是自己想要的产品，那么销售员不但要面临售后的折腾，也会让客户对自己心生芥蒂。

因此，作为销售员在推销商品的时候不能只顾及眼前的利益，还应该顾及未来的利益，认真服务客户，以获得客户的信任、认可，客户才能成就你的现在和未来。

销售警语

♣ 不要"敲"离主题。销售员在"旁敲侧击"的时候，一定要"敲"对地方，另外，始终不忘自己的核心目标，但还要将"目标"隐藏起来不能让客户看到，否则，客户认为你就是冲着他的钱来的。

♣ 开发隐藏的需求需要一个过程。开发潜在客户千万不要着急，如果想一步到位，只能适得其反。最好的办法是步步为营，层层深入，最终不知不觉到达客户真正的需求点，这样才是最完美的开发。

CHAPTER 5

第五章：
销售员怎么说，才能赢得客户信赖

　　你对你的产品了解吗？客户对产品有疑问，你能够为他解答吗？销售，不仅需要销售员具备良好的头脑，还需要销售员懂得一定的专业知识，成为客户的专业分析库，这样，你的职业生涯才越走越宽！

● 在客户面前，你就是产品最权威的专家

为什么我们去医院看病的时候都喜欢找专家呢？因为专家有专业的医术，能够安全、准确、到位地解决病痛。同理，客户在购买商品时，也更愿意找那些专业的销售员，因为他们不仅能够提供专业的讲解，而且从他们手中购买产品安全、放心。这就需要销售员在面对客户的时候不仅是产品的销售者，更是该产品的专家，你所说的每句话在客户眼中都是权威的、靠谱的。

心理学研究证明，人们更倾向于接受专业性强、可信度高的语言，不论你是不是权威人士，只要你所说的话体现了一定的专业性，人们便会信服。这一条同样可以应用到销售上。面对客户，如果你对自己的产品了解得不够全面，甚至在某些功能解说上磕磕绊绊，那你能达成交易的机会几近为零。

销售员应该明白客户之所以愿意从你的手中购买产品，是因为你懂得更多的专业知识，在你跟前购买产品能够享受到更多好的建议和好的服务，时刻让客户感觉从你跟前购物绝对物超所值。

有家物流公司打算购买一辆载量4吨的大卡车，可是为了节省成本又不得不改变主意购买2吨的卡车。于是，销售员找到买主做了进一步的沟通。

销售员："您每次运输的货物平均下来有多重？"

客户："不一定，就2吨左右吧！"

销售员："您的意思有时候运输多，有时候运输少，是吧？"

客户："对，就是这个意思！"

销售员："选择哪种载重量的卡车，一方面要根据所运载的货物重量，另外也要看在什么路况上行驶。如果在丘陵地区行驶，而且是在冬天，那么汽车本身的压力要比平时大。对吧？"

客户："是这样的。我们很多业务恰恰是在这样的环境下进行的。"

销售员："好的！您刚才说贵公司需要运输的货物平均载重量在 2 吨左右，如果超过了 2 吨，冬天在丘陵地区行驶，汽车就会处于超负荷的状态，极度不安全，我们不能拿生命开玩笑！"

客户听了不说话了，沉思起来。

销售员："所以，您认为是不是应该留有一些余地比较好呢？而且还可以延长汽车的使用寿命。我们用长远的眼光来看一下，如果有一天您的业务做大了，需要来运输更多的货物，比如 3 吨、4 吨，到时候，是不是又得买一辆车啊？那我们今天为什么不一步到位呢？"

客户："嗯！"

销售员："我是从卡车使用寿命、价位、安全性能、长期成本等方面做的综合考虑，这里有详细的资料您可以了解一下！"

客户赶紧说："好，快拿给我看看！"

最终这个客户选择了载重 4 吨的卡车，其实通过对话，这个销售员并没有用多么高超的技巧，只是用其专业的语言让客户信服，并且站在客户的角度，处处为客户着想，赢得了客户的信任，从而促成交易。

要想成为一个优秀的销售员，就必须不断提升自己，让自己成为专家型销售人才。这不仅要求销售员对产品的功能、特点了如指掌，还需要对本行业以及产品应用领域有所涉及，只有这样，才能让客户通过你的讲解了解到产品的优势，做出最正确的选择。

要想成为专业的销售员，必须具备以下条件：

✦ 要有敢于承担责任和风险的使命感，面对客户的问题能够有足够的耐心，提供毫无怨言的服务。

✦ 要有强烈的成交欲望，同时在客户面前又能够隐藏欲望，站在客户的角度为客户全心全意地解决问题。

✦ 要对企业的历史、成长、发展有基本的了解，并且能够将自己的人生目标与企业的未来发展紧密联系在一起。

✦ 要对产品功能、特点等知识烂熟于心，而且能够用专业的术语及通俗的话语表达给客户，并且对自己客户群体的购物特点有清晰的认识和了解。

✦ 要知道自己的真正竞争对手是谁？他们的产品优势是什么？劣势又是什么？要懂得向自己的竞争对手学习自己所不具备的东西。

✦ 要相信天下没有陌生人。每个人都可能成为你的潜在客户，因此，你只需鼓起勇气迈出第一步，说得多了，做得多了，就会越战越勇。

✦ 要对产品的售后等做全面的了解，当客户提出相应的问题时，能够在第一时间找到可以帮助解决问题的人。

◆ 要有全局意识，不能为了一个客户，或者一点内部矛盾，损害整个团队的和谐氛围。

是否具备专业的产品知识是判断一个销售员自身业务能力的标准之一。但需要谨记的是：在成交过程中，一味地展示自己有多么专业，出口闭口都是高深的专业术语的人，必定得不到客户的青睐，而只有那些能够巧妙地将产品专业知识用通俗易懂的方式让客户理解的人，才是少数能够成功的人。

销售警语

♣ 不仅要懂得产品的专业知识，还要懂得一些外延的专业知识。作为专业的销售员，不仅要懂得自己产品方面的专业知识，还需要对其他某一个或者多个领域有所了解，这样才能在客户提出相应的问题时，做到处事不惊，侃侃而谈，给客户留下一个专业的好印象。

♣ 既要做好专家也要做好俗人。当专家指的是在该专业的时候要专业，做俗人指的是切莫一味掉书袋，客户听不懂的时候，要学会用通俗易懂的语言给客户讲解。

● 在客户面前不要做一个包裹严实的人

金无足赤，人无完人。产品也一样，不同的客户，需求也不尽相同，这也导致不同的人对同一件产品会产生不一样的看法。

因此，销售员在向客户介绍产品的时候，不能过度渲染产品的优势，不要将话说得太满。这样很容易给客户造成一种"王婆卖瓜，自卖自夸"的感觉，不但不能说服客户，还可能引起客户的反感。与其这样，不如适当暴露一下自己产品的"缺点"，让客户认识到销售员的真诚、靠谱，让成交更温馨。

艾莉娜经营着一家网店，主要卖潮流女士服装，为了赢得客户的长期青睐，她除了选购的衣服必须时尚之外，对质量等都是有严格的标准。几乎每件衣服都是精挑细选，争取将最完美的衣服呈现在客户手中。即使衣服上有小小的瑕疵，比如线头、开线、抽丝等问题，虽然不会影响穿衣的效果，但是艾莉娜都要挑灯修补，争取让每个客户无可挑剔。

即便如此还是有客户反映出问题了。

客户："你卖的什么破衣服啊？我要退货。"

艾莉娜："您能够告诉我到底哪里出现了问题吗？麻烦您拍个照片，让我看看到底哪里让您不满意了呢？"

客户："我没有相机，拍不了照片。这样难道就不能退货了吗？你想要赖吗？你不给我退货我就给你差评，让你以后的衣服一件也卖不掉！"

艾莉娜："按照网购退货的原则，必须有照片为证，您才能退货啊！"

客户："我买衣服的时候是不是还问你衣服的质量怎么样？做工怎么样？会不会褪色等问题了？"

艾莉娜："是的，我们衣服保证完美无缺，100%让您满意。"

客户："你不是保证完美无缺吗？那么，衣服上面乱七八糟的线头，跟一件旧衣服一样，你怎么解释？做工如此差，也叫完美吗？"

艾莉娜："这些只是小毛病，您自行处理一下也不会影响到穿的效果啊？"

客户："这还是小问题吗？你当初承诺100%完美，既然有小问题，那就不是100%。我为什么花钱买了衣服还要自己修剪啊？请你赶紧给我退货！"

艾莉娜："实在是抱歉，当时我不该夸下海口，其实这类商品连100%相同的两件衣服都没有，怎么会有完美无缺的呢？请您多多包涵！"

客户："那你不是欺骗人吗？明明知道不是100%完美，还对客户这样说，你是什么意思，我要你立马给我退货！"

艾莉娜气得鼻子都冒烟了，自己店铺的高信誉被自己的一句话给毁掉了。虽然这位客户太"挑刺"，但确实也是自己把话说得太满了，才导致了这样的结局。

最终艾莉娜给客户退了货，并且吸取了这次失败的经验教训，她在自己的店铺加了一句说明："虽然本人和客户朋友们都追求完美，但是难免店中商品偶尔会有小瑕疵，比如，线头、开线、抽丝等情况，但不会很严重，更不会影响穿的效果。不能接受的客户朋友请自行斟酌。小本买卖经不起退货换货的折腾，希望理解！"

　　艾莉娜没有想到当她贴出这句话之后，生意不但没有差，反而越来越好，甚至有客户直接下单并且留言：你人很真诚，我相信衣服也不会差到什么地方去！

　　可见承认小瑕疵会给客户留下一种真诚客观的印象，客户自然会理解她，即使有点小瑕疵也不会过多地苛责。

　　每个客户都在追求最完美的产品，其实真正完美的产品在这个世界上是没有的。因此，在适当的时机暴露一下产品的不足之处，再主动为客户减少顾虑，强调产品的优势，往往会收到意想不到的效果，也更能赢得客户的信赖。但是坦诚自己产品有瑕疵也需要技巧，否则客户听到产品有瑕疵难以接受就会拒绝选购。

　　那么以怎么样的方式向自己的客户坦诚产品的瑕疵呢？有哪些技巧呢？

　　✦ 对于明显的瑕疵可以告诉客户，而且是主动告诉，不要等到客户发现了再说，这样就太迟了。当销售员将产品的瑕疵告诉客户的时候，在态度上一定要认真诚恳，让客户能够感受到你的真心实意，但需要记住的是，销售员所暴露的瑕疵一定不能是会影响客户购买的大局或者是客户看重的内容。比如，客户很看重这辆汽车的颜色，结果你自爆这辆车的颜色在阳光下容易脱落，那客户肯定不会买了。

　　✦ 对于销售员不方便向客户说明的问题，可以直接告诉自己所不方便的原因，千万不要遮遮掩掩，否则只能引起客户的不满。当客户咨询到一些技术机密性问题，销售员可以委婉拒绝。比如："王先生好，我只负责销售，关于技术方面的问题，我还真不清楚。""张总，要不您直接到技术部门，向我们的技术总监请教？"

自爆缺点是为了赢得客户更多的信赖，而不是自挡财路。哪些方面应该自爆，哪些方面应该含蓄一些，这些销售员一定要清楚。

销售警语

♣ 要有自爆"缺点"的勇气。对自己的产品要充满自信，并且相信自爆只是为了赢得更多客户的信赖。自爆"缺点"一定要在客户发现"缺点"之前，这样就掌握了主动权，否则会很被动。

♣ 自爆"缺点"要注意的问题。一是自爆的"缺点"不能影响成交的大局；二是自爆的"缺点"避开客户最在乎的方面。

● 为你的客户讲一个他与产品有关的故事

要想成为一位成功的销售大师必须得学会讲故事，一个与客户有关的动听的故事可以让客户心甘情愿地掏腰包。当然这个故事不是随便讲的，一定要根据客户的心理需求量身打造，通过这个故事可以拉近销售员与客户之间的距离，更让客户产生感同身受的感觉，为最终的购买打下坚实的基础。

这里所说的故事是在销售过程中积累的成功的经典案例，及客户购买商品之后的故事，或者销售员根据商品独特的卖点和为了引起客户注意而编制的故事。

有一家钻戒公司为了能够让每个客户有一种身临其境的感受，以图文的形式为客户编造了一个美丽的故事，当客户看到这段广告时都会将广告中的人物想象成自己与自己的爱人：一对相爱至深的情侣，他们相互偎依在一起，从白雪皑皑的冬季，走向绿意盎然的春季，走向热情似火的夏季，走向硕果累累的秋天。经历岁月的磨砺，他们依然携手前行，此刻周围一派秋色，枫叶在身边缓缓飘落。两人含情脉脉对视，男士轻轻从包里拿出已经准备好的首饰盒，打开，一款钻戒熠熠生辉。男士郑重拿出钻戒，小心翼翼戴在女士的手指上。女士幸福地投入男士怀抱，手指上的钻戒光彩夺目。此刻，旁边出现字幕：爱她，就给她最好的。

这个广告很容易就让年轻男女们对婚姻生活产生向往，而那句广告语则画龙点睛地强调了——爱她，那就给她买钻戒吧！

对销售员而言，能否说动客户直接关系到商品的成交效果。如果你能够讲出一个好故事，让故事与产品紧密地结合在一起，就能给客户留下很深刻的印象。故事只要能够打动客户，那就说明客户已经将自己与故事中的人物换位了，说得更直接一点就是这个故事让客户产生共鸣了。能够产生共鸣的故事才是精彩的故事。

一个精彩的故事，能够吸引客户的注意力，同时这个故事还能引导出客户的心理需求，这就是吸引力法则。当你能够为你的客户讲出最具有煽情性的产品故事，让他感同身受，使你的产品对他来说就是灵丹妙药，他就会心甘情愿地掏腰包。

有时候为了能够让客户感同身受，销售员不得不编造一个与客户情况相同的第三方——某个用了自己产品之后的美好现状。客户听了之后的感觉就是，他的情况与我自己的情况一样，他都有了效果，那么我用这类产品也可以达到他那样的效果。

艾伦达属于过敏性皮肤，她买化妆品的时候最关注的是这个化妆品中是否添加会让自己皮肤过敏的成分。销售员里维斯的一个故事打消了艾伦达的顾虑：

我的一个朋友她的皮肤与你的皮肤一样很容易过敏，任何成分不是很清楚的化妆品都不敢用。她经常到我们的店里来玩，有一次她看到我们的化妆品上面标注了"无添加成分"，特别高兴，立刻试了试，结果没有发生任何不良的反应，而且觉得皮肤很舒服。你可以看一看，我们化妆品的成分在说明书上标得非常清楚。另外，我对您这类过敏肤质也有一定的经验，这样吧！我再免费为您做一次皮肤测试，看看具体适合用哪种化妆品，您觉得怎么样？

艾伦达同意了，这笔业务成交了。

这是以故事的形式为客户提出更充分的购买理由，这里的理论加案例的销售方式增强了说服力。理论清楚，例证明确，让客户的心理需求得到了极大的满足。与自己肤质相同的人用了之后没有问题，那么自己用了也应该没有问题，安全感增加，也有利于客户做出客观量化的分析判断。

销售员要想随即编造一个故事，而且想要达到预期的效果，需要在平时就收集资讯，加大阅读量，并将得到的信息分门别类，储存在大脑中。当需要的时候能够及时地调动起来，并且针对眼前客户的需求，进行润色、完善，量身定制，争取针对每一个客户所讲的故事都是不相同的。当客户听完这个故事都会自发地想象自己拥有了该产品之后的一切美好场景，从而激发客户购买的欲望。

销售警语

♣ 给客户讲故事要有的放矢。给客户讲故事就是为了通过故事吸引客户，让客户感同身受，进而达成交易。但是千万要记住不能为了讲故事而讲故事，更不能在讲故事的过程中自我陶醉、偏离目标。

♣ 故事中要有客户参与的影子。给客户讲故事的时候，一定要学会引导客户参与，只有客户真正地参与，才能增强认同感。比如，以提问式引导："你觉得怎么样？""如果是你，你会怎么做？"

● 面对客户的异议，越逃避问题越多

在销售的过程中会遇到各种难缠的客户，但是即便是难缠我们也要有足够的耐心去面对。千万不能在客户还没有与自己达成交易之前，对待客户就像对待自己亲爹一样；一旦与客户成交之后，对待客户就像对待敌人一般，面对客户反映的问题不闻不问，甚至逃避客户的问题。

现在的客户看重的不仅是产品，更是由此产品所带来的服务——追求精神与生理上的双重愉悦。他们希望销售员不仅能够平易近人，还能够对自己的问题有问必答，一旦购物前后销售员态度反差太大，客户就会觉得自己上当了。

销售员李丽就曾犯了这样的错误。

李丽还在电脑城工作时，曾依靠自己的三寸不烂之舌，将本来打算只购买4000元左右低档配置笔记本的客户说服，使其最终购买了8000元高配置的笔记本。其实，客户买电脑只是用来处理文档、看看电影，4000元配置的电脑完全可以用，但对于销售员李丽来说，宁愿说服客户购买8000的也不要购买4000的，这涉及自己的提成问题。

李丽对客户说："现在电子产品更新换代很快，今天你买个低配置的电脑觉得用着可以，但是到了明天你就会发现这个电脑的配置已经超低了，跟不上时代了。到那时你又得升级，多麻烦啊！那为什么今天不多掏点钱一步到位呢？这样你现在用着很舒服，将来用着也很不错。我相信一分钱一分货的道理

你也明白的，我就不啰唆了！"

客户沉思了片刻，他觉得李丽说得还是很有道理的。再说身边的朋友也有很多用的是高配置的电脑，如果自己现在还用低配置的电脑，是不是显得有些落伍？

李丽看客户有些心动了，赶紧说："这款本子配置很高，价格 8000 元，但保证可以用五六年，两年内还可以免费升级，你看划算不？"

李丽这样一说客户立马掏钱了，提着电脑走了。

可是谁也没有想到，不到两个月，这个客户竟然提着电脑找上门了。原来客户在使用电脑的时候发现电脑主板有问题，经常会出现无法开机的情况。

客户很气愤："你不是保证这台电脑用上五六年都没有问题吗？我怎么用了两个月就出现问题了呢？这是什么破电脑害得我花了 8000 元，你是不是在骗人啊？给我退货？快！"

李丽刚想出去向客户解释，却被旁边的同事推到了一边："他正在气头上，如果你出去他非得逼着你退货，你先躲一下，我来替你应付一下！"

李丽的同事赶紧接待客户："别生气，别生气，这样吧！你将电脑放在我这里，我让专业的师傅帮你检查一下，看到底哪里出现了问题！好吗？"

客户："让李丽出来，她这个骗子，她这个缩头乌龟，她给我的承诺去哪里啦！我要退货！"

李丽同事道："这是电脑的问题，不是她个人的问题，她今天身体不舒服，我来为你服务！"

在李丽同事的劝说之下，客户留下电脑走了，一周之后再来拿电脑。

一周之后客户来了，接待的依然是李丽的同事。当听到电脑还没有检修完毕的时候，客户很无语地走了，李丽的同事承诺再给一周的时间肯定检修好。

当一周之后客户再次来的时候，李丽的同事依然挺身而出告诉客户："电脑我们返回厂家维修去了，正在返回来的路上，再给一周时间肯定没有问题。"

客户彻底愤怒了："你当我是小孩啊！你们推荐让我买8000的，我听了你们的话买了。你让我等一周我等了，让我再等一周又等了，现在你们还让我等？这话你们好意思说出来？今天我不管什么原因，我就要退回我的钱，电脑我不要了！"

李丽的同事觉得自己有些控制不住场面了，只好以找领导商量为由拽着李丽溜走了："李丽啊！你这次是遇到难缠的客户了，看他那架势今天非得退货不可，我们都应付不过来，我们都躲一躲，等他气消了，我们再去解决问题！"

当李丽接到领导气愤的电话的时候，和同事不得不返回店里，发现店里挤满了人，她才意识到问题的严重性。原来客户发现李丽和她同事都不见了，找其他人询问解决的办法，其他人都不愿意承担责任，异口同声说不知道。客户着急了给报社、电台都打了电话，还报了警，于是这些部门都来了人。

此刻，已经不是李丽和同事能够解决问题的时候了，李丽的领导出面给这些媒体和民警解释，不停地道歉，另外找其他解决的办法。

最后在媒体的见证之下达成协议：如果三天之内还解决不了客户的问题，给客户无条件退货。

虽然这件事情达成了协议，但是第二天电视、报纸上面还是有很多负面的报道。李丽的领导气得鼻子都歪了，他给李丽下了最后的通牒："这是你的客户，如果在三天之内你处理不好，立马从这里滚蛋！"

李丽赶紧给客户打电话约客户出来喝茶，寻找解决问题的办法。其实，领导的意思就是让李丽与客户沟通，建立好感情，让客户满意。但是李丽一连打了十几个电话客户都拒绝了，但是李丽不想放弃，因为这关系到自己饭碗的问题。

终于在第三天的下午李丽约到了客户，客户的脸色很难看，似乎不想多说一句话。李丽赶紧道歉："不好意思，这件事情，我的确没有处理好，让你跑了那么多次，不好意思！我现在向你道歉！"

李丽一连道歉好几次，客户终于说话了："其实，电脑出现问题，这个都不是我最生气的，因为你仅仅是个卖电脑的，不是制造电脑的，电脑的好与坏你未必清楚。最让我生气的是你的逃避，当问题出现了你应该站出来解决，我是买电脑用的，并非是为了吵架才买电脑的，你不出现，你的同事最后也不出现，我问其他同事，他们都不愿意承担责任，都说这件事情不归他们管，那你说我该找谁去啊？"

李丽再次给客户道歉，最后客户原谅了她，并且客户口头承诺：电脑尽快修，可以不退货。

其实，这个案例最初处理的办法很简单——直接出面帮助客户解决问题。但是，李丽没有直接面对，反而在同事怂恿下逃避客户，这能不让客户生气吗？如果换位思考一下，你是这个客户，你是不是气得也要爆炸了啊？最后，客户无奈只能求助电台、报纸、报警等，一步步将很小的问题扩大化，不仅给自己的产品品牌造成了损失，对整个企业来说也是一个污点。

所以，当客户有异议的时候，直接面对客户，而不要选择逃避，逃避客户，只能让问题越来越大，矛盾不断升级，越来越难以解决，得不偿失。

销售警语

♣ 自己的客户自己来维护。面对客户提出的异议，积极面对，千万不要逃避。自己的客户自己去维护，不要交给其他人来维护。客户最初能够成交认可的就是最初服务的销售员，如果换成其他新的销售员接待，又得重新认识，如果沟通不畅只能导致矛盾的升级。

♣ 积极面对客户的异议。面对客户的抱怨也好不满也罢，都要先诚恳地接受，这样可以避免起正面冲突，然后再从客户的抱怨和不满中寻找自己不足的地方。只有这样才能不断地提升和完善自己，才能成为销售高手。

● 让权威的数据成为你最有说服力的推手

在销售的过程中，销售员与其滔滔不绝说半天，还不如提供一些数据供客户参考。数据是说明事物特征的最准确、最科学、最有说服力的依据，运用准确的科学数据具体地说明事物的特征，具有很强的科学性、准确性，易于被消费者接受。数据是信息组成的重要组成部分，数据能够让客户觉得更专业、更可靠。客户也愿意相信这些数据能够给他们带来真正的帮助，在客户眼中这些数据不再是简单的数据，而是更专业的标志，只有专业才能赢得信赖，为成交铺好道路。

这就是数据的力量。销售员在与客户博弈的过程中，要抓紧客户对数据的依赖，巧妙地借助数据来说服客户，让客户能够在看到这些数据后立马做出判断，而且让客户坚信自己做出的决定是正确的，这对确定自己所要购买的产品类型有很大的帮助。

弗莱德是一位口才很了得的食品销售员，为了推销自己公司的新食品，他特意登门拜访自己的老客户。

弗莱德："老朋友好啊！我又来打扰你啦！我给你带来了一个绝好的消息，现在我手头有一大笔生意，一笔就可以让你净赚 2 万英镑，怎么样？有没有兴趣干啊？"

客户："2 万英镑？那还用问吗？当然干啊！挣钱的买卖谁不干谁傻！"

弗莱德："好！我最近刚刚对整个食品市场做了一个精准的市场调研，发现年底前腌肉、罐头的价格最起码会上调20%，这只是一个底线。按照贵公司的销量，你知道今年此类商品贵公司能够出售多少吗？我来告诉你……"

弗莱德一边说一边利索地把相关的数据一一罗列出来，给客户看。每一个数据都非常准确，很有说服力。由于客户本身对自己公司的某些数据及出售的情况是清楚的，弗莱德核算出来的数据与客户的数据相当吻合，而且有理有据，这让客户觉得与眼前这位销售员合作是赚钱的。于是，弗莱德与这位老客户又签订了一大笔合同。

弗莱德之所以能够轻而易举搞定这位老客户，就是他在与老客户沟通的过程中，巧妙地利用了大量准确的数据，这让他的话更加有权威性、专业性和强大的说服力。客户心中对自己的账本数据是清晰的，再结合销售员更宏观、更客观的数据分析，让这位老客户明白合作是能够让自己的利益最大化的，最终他做出了继续合作的选择。

那么，在销售过程中数据到底能够起到哪些作用呢？

✦ 数据能够体现独特卖点。数据不仅是自己产品和服务质量的有力说明，更是自己产品独特卖点的最好证明。数据就是钱。当客户听到准确、客观、权威的数据才会心动，才会有合作空间。

✦ 数据能够量化产品的优点。产品的优点越多客户越是愿意成交，可是优点是抽象的，只有将优点进行量化然后呈现在客户面前，让客户看得见摸得着，才能真正让客户信服。如果你卖手机，却说不出手机的像素有多大；如果你卖空调，却说不出空调耗电量有多少；如果你卖硬盘，却说不出硬盘空间有多大，那么客户怎么可能与你成交呢？

✦ 数据能够赢得客户的信赖。数据让你在客户眼中更专业、更权威、更可信。如果你给客户说得天花乱坠，却拿不出专业的数据，客户就会觉得你是在说大话。如果能够将数据展现在客户面前，客户会对你更加信任，会主动加强与你的沟通联系。

销售员在介绍产品的时候，一定要展示自己的专业素质，尽量权威、精准地介绍产品的各个方面，越是精准，越是权威的数据，越能够让客户感受到你的专业，也就越能够俘获客户的信任。

现在很多商家认识到了数据的重要性，从而更加广泛地把它应用在各类销售活动之中，且效果极佳。足见，数据对商业社会的作用及意义。

销售警语

♣ 数据越新越有效果。在销售的过程中数据要随着市场的变化不断更新。如果我们将十年前的数据给客户看，肯定对客户没有吸引力。没有吸引力怎么可能成交呢？只有客户不知道的、最新的、权威的数据，才能让客户充满好奇与欲望。

♣ 切忌滥用数据。数据可以帮我们说服客户，但是如果过度利用数据，只能给客户一种冒充"专家"，或者是弄虚作假的嫌疑，这样不但不能促成交易，反而影响成交。

● 不善言辞的销售员如何赢得客户信任

我们经常看到一些销售员当面对客户的时候滔滔不绝，将自己的产品功能说得天花乱坠，仿佛这个世界上只有他这么一件产品，往往让客户听得云里雾里、晕头转向。

销售的确需要一定的口才，但销售未必就需要那些能够将死人说活的销售员，客户看重的是你是否将客户放在心上，是否真心诚意地为客户解决问题。用真心征服客户，才能获得客户长久的信任。客户认可是你最有利的宣传广告，会带动更多的客户来消费。

作为销售员一定要清楚，你销售的不仅是产品，更是品牌，是形象。明确了这一点你就会知道过分夸张会葬送你的销售成果，让你销售的道路越走越窄。

但是，不见得每个销售员都能够能说会道，那么，那些口才并不是很好的销售员，如何才能赢得客户的信任呢？

有一位保险销售员约了一位客户在办公室见面，在预约之前他对这位客户进行了详细地了解，因为最近客户家里出现了特殊情况，销售员有些纠结不知道该怎么向这位特殊的客户推荐自己的保险，再加上这位销售员说话比较木讷，预约之后他有点后悔，担心自己说错什么让这个单子黄了，但是已经预约好了，他只能硬着头皮来面对了。

客户坐在了销售员面前，销售员寒暄了几句之后，不知道说什么了，只能安静地听客户诉说。

原来几天前这位客户的丈夫因为车祸去世了，她的心情糟糕到了极点。她的家里还有两个孩子尚未成年，家庭的生活来源都依靠丈夫，丈夫的离去给她的家庭造成了致命的打击。她想为自己两个孩子每个人买一份保险，因为她的家庭再也遭受不起任何打击。

在客户诉说的过程中，这位销售员几乎没有说过多的话，他自始至终扮演着一位忠实的听众，耐心地听客户将自己的悲惨遭遇和需求说完。并且偶尔点头，偶尔递一下纸巾，偶尔简短安慰一下，更多的是沉默，紧皱眉头，一脸的严肃，充满了对这位客户深深的同情。

当客户说完之后，销售员为其选择了对她最实惠的保险，并且以简洁的方式告诉了客户这样选择的理由。这个险种的优势是即使将来她没有固定的收入，但孩子的教育和未来就业都有一定的保障。

这位客户觉得销售员推荐的险种正是自己所需要的，于是为自己的两个孩子各购买了一份保险。

销售员也从这笔保险中获得了自己应该得到的佣金，这是他过去三四个月的收入。

后来，在保险公司的表彰会议上，领导让他谈谈自己成功的经验，他想了半天只说了一句："我没有想到，沉默的作用如此之大！"

口才不好时与其可能说错还不如沉默，给客户更多的诉说时间。如果这位保险销售员面对这个女客户的时候夸夸其谈，丝毫不顾及人家丈夫去世的悲伤心情，那么完全有可能导致客户的不悦和反感，这笔生意也就泡汤了。

当你不能够给客户提出建设性的建议，那么就少说几句。尤其当面对特殊的客户群体的时候，少说多听是最明智的决定。

销售就是依靠口才吃饭的活儿。针对天生就不善言辞的客户，适时沉默很容易做到，但是针对那些天生就爱说话的人，如何在恰当的时间段内保持沉默，拿下客户呢？其实，选择沉默有以下几个原则：

✦ 在与客户沟通的过程中，不知道该说什么的时候，那就不要说了，将时间留给客户，听他说，做一个忠实的听众。

✦ 当你的客户说得特别的兴奋，而且他所说的话有利于最终的成交，那么销售员就不要随意打断客户，让他继续说下去。

✦ 当面对客户提出的问题，自己不知道或者不清楚，那么就不要假装是行家忽悠客户，与其这样还不如选择沉默。

销售警语

♣选择好适时沉默的时间段。当遇到自己无法解答的问题时适当沉默；当遇到难缠的客户极度想发火的时候你需要沉默；当你的客户死缠硬磨砍价的时候你需要沉默……总之，选择沉默的时机对了，你就成功了！

♣不同的人采取不同的应对方式。如果有的客户就喜欢销售员滔滔不绝，那么销售员就多说点，记住观察微表情，抓住让客户兴奋的关键词。如果有的客户不喜欢销售员说，那么销售员就少说一些，将更多的时间留给客户，等客户主动开口，销售员只要抓住客户的"痒点"进行"挠痒"就能成交了。

CHAPTER 6

第六章：
销售员只有这样说，客户才会买买买

广告的效应，你了解多少呢？大部分人都知道利用名人效应，但怎样将名人效应与产品完美结合，从而让客户毫不犹豫下单呢？那些伟大的销售员不会告诉你的技巧，全在这里！

● 名人效应法：郭德纲也用这个牌子

名人在很多人的心目中有着至高无上的荣誉与地位，他们不仅可以代表信誉、质量、品牌，还可以代表时尚、前沿、潮流，因此，很多商家寻找名人来为自己的商品代言，来提高产品的曝光度、影响力，促进销售。

其实，最明显的案例就是，如果当下某一部热播的电影、电视剧中的主人公穿什么衣服，挎什么包包，理什么样的发型，大家也会一股风似地去模仿、打扮，这就是名人效应。

名人效应其实满足的是人们对名人的慕名心理。一款新产品想提高影响力和知名度，如果不邀请有影响力的名人推广，要想达到效果很困难。但是一旦邀请了名人代言，那效果就非同一般了，虽然销售者不认识产品的牌子，但是消费者认识这位名人，从内心认可、仰慕这位名人，只要是名人推荐的产品，都会认为是信得过的产品，毫不犹豫地购买。

无论是在当代还是在古代，人们借助名人发财的案例不少。

古时候有一个卖马的人，他的马赶到市场后，一连三天无人问津，这让他很着急。后来终于想出了个办法，他找到了当地很有影响力的伯乐，说："我的马一连三天都没有卖出去，如果再卖不出去我就要亏本了。现在无论如何你得帮助我一下！"伯乐便问："你要我怎么帮你呢？"卖马人说："很简单！你只要围着我的马匹转几圈就可以了，如果您在离开的时候回头再看几眼就更好了！"伯乐同意了。伯乐围着马转了几圈，临走的时候又转身看了一眼。伯乐一离开，马匹价格立马飙升，很多人过来抢购马匹。

这就是借势名人效果最典型的案例，古人如此，现在的人更是会利用名人效应为自己的产品增加附加值了。

有一位销售员可谓借助名人效应的高手。当他面对犹豫不决，甚至对产品怀疑的客户的时候，总爱用这一招："我们的产品还是值得认可的，就连郭德纲也用我们的品牌！"

"说相声的郭德纲吧！"

"对的！他是我们的老客户了，他在我们这里购买过好几款产品了，你看这是刷卡消费的证明，这是他的亲笔签名，这张单据我们都舍不得扔，你想啊！找郭德纲签个名那多不容易啊！您说是不是？"销售员拿出郭德纲的"签名"票据让客户查看。甚至还列举了其他几位有影响力的名人。

销售员还说："正是这些名人认可我们的产品，才会用我们的产品。我们相信您的判断力不比那些名人差，希望您也能够成为我们的客户……"

借势名人效应，让客户觉得连这些名人都在用他们的产品，证明他们的产品各方面绝对没有问题，要不名人也不会用他们的产品，这样一想购买是必然的了。

但是更多的产品并非有条件能够借助名人效应来提高产品的影响力，针对这种情况怎么办呢？

没有条件创造条件！

下面这个案例会给销售员很多启发：

一位出版商有一批滞销图书难以脱手，严重影响了资金周转，威胁到公司进一步的发展，急得他如热锅上的蚂蚁。这天他终于想到了一个不错的主意。于是，他将滞销的书拿了一本送给总统，并且三番五次征求对这本书的意见。忙于政务的总统哪有那么多时间，但经不住书商的死缠硬磨，只好敷衍一句："这本书不错！"出版商便大肆做广告："这是一本连总统先生都喜欢的书！"于是滞销的书很快被大家抢购完了。

过了一段时间出版商又出版了一本书，销量不是太好，于是他又想到了曾经用过的办法，又给总统先生送了一本书。总统想到上次被书商利用了一把，这次便想奚落一下书商，便说："这本书糟糕透顶！"书商还是找到了借势的办法，很快广告出来了："这是一本连总统都讨厌的书！"很快原来无人问津的书成了畅销书，被人抢购完了。

第三次，出版商又送总统先生一本书，总统吸取了前两次的教训，便对书商的这本书不做任何回应。出版商却做出了广告："这是一本连总统先生都不想评论的图书！"很快书商的书大卖起来。

可见巧借名人效应对产品的销售有明显的效果，但是在借助的过程中一定要巧妙，不要弄巧成拙。比如，你所借势的"名人"没有人知道，或名人负面消息很多，甚至让人很讨厌，或者你的产品根本与名人气质、工作、性格反差很大，这样即使强行借势也很难成功。

销售警语

♣懂得如何借势名人效应。首先要有借势名人效应的意识，其次，要对客户有基本的了解，比如兴趣、爱好、性格特点等，以防你说出来的"名人"客户不但不认可，还会反感，这样只能适得其反。

♣依靠产品实力说话很关键。回头客是真正的客户。我们借势名人效应没有错，但是不能有名人"撑腰"就降低对产品质量的要求，一旦产品质量出现了问题，请多么有名气的名人代言也难以挽回大家对产品的信任。

● 欲擒故纵法：不要着急，以后再说

在销售的过程中经常出现这种情况：你越是急切地想将产品卖给客户，客户越是躲着你。因为在客户的心目中你越是热情，那你就越不是冲着我的人，而是冲着我的钱，所以，客户不得不戒备。

很多时候对那些优柔寡断、犹豫不决的客户，与其勉强让他做出购买的决定，还不如采取欲擒故纵的方法。当我们想尽一切办法想说服这种客户的时候，只会给客户带来更大的压力，而欲擒故纵正好可以避免给客户造成更多的压力，将主动权交给客户，从内心上让客户轻松愉快地接受，促使客户做出有利于销售员的决定。

一部分善于使用欲擒故纵方法的销售员，在将产品的功能等讲清楚之后，就不再理会客户了，摆出一副反正该说的我都说了，买与不买那是你自己的事情的表情。其实，销售员内心还是挺在乎这位客户的，但是不能表现出来，这就是：战略上要藐视，战术上要重视。结果客户反而着急了，他觉得销售员不理会自己说明这款产品根本不愁卖！不愁卖的产品肯定是各方面不错的产品，自己当然不能错过。于是，客户追着销售员买产品。会做销售的销售员，客户追着销售员跑；不会做销售的销售员，只能追着客户跑。

有一位专门做灶具的销售员，他约好了这几天去拜访一位客户，但是第二天他就给客户打电话了："您好，我是小陈，昨天咱们联系过的，正好我在

你们的小区帮助一个朋友安装一套灶具，我这边马上完成了，我顺便去拜访您！"客户一听就让销售员到自己家里来。

当销售员敲开客户的门的时候，看到男主人正在洗菜，女主人正在整理客厅。

销售员便问："您是做早餐？"

男主人说："我现在做午餐！"

销售员问："现在才十点，您就开始做午餐？"

男主人面带几分尴尬说："我做饭慢就得提早做，我现在开始做，等饭做熟了也差不多十一点半了，刚好到饭点了！"

其实销售员知道男主人是个"妻管严"，家里的饭都归男人做。再说销售员选择这个点来客户家里有着自己的目的。

销售员赶紧过去帮助择菜，虽然男主人推辞不用，但是在销售员的帮助之下菜很快洗完了，销售员便建议男主人歇一会儿。

男主人看了一眼销售员说："我得赶紧做，免得饭点到了，我还没有将饭做熟，我们家掌柜的又唠叨喽！"

销售员看了一下男主人厨房的灶具说："别着急，我今天带着一副灶具，让您体验一下，保证您在二十分钟内将饭做好！而且口味绝佳！"

男主人有点不相信："有那么神奇？！"

销售员神秘笑笑！

于是，男主人和销售员坐在客厅聊起天来，女主人问："现在都十点半了，还不赶紧做饭？"

男主人说："马上做，马上做！"回头又征询销售员的意见。

销售员说："不着急！"

当时间到十一点十分的时候，男主人坐不住了："得赶紧动手做，要不她会叨叨的！"

销售员一看时间差不多了，三下五除二将自己带来的灶具安装上，动手炒起菜来。

二十分钟后热气腾腾的饭菜做好了。男主人一品尝就对销售员竖起了大拇指："你的手艺真棒，味道不错！不错！"女主人尝到炒的菜，也不住点头称赞。

销售员说："不是我的手艺好，而是这套灶具功不可没！也感谢今天给我一次展示我厨艺的机会，二位慢慢用餐，我还有别的事情，就先走了！"

女主人发话了："你这套灶具的设计我特别喜欢，很精致，多少钱啊？"

销售员边往自己的包里装灶具边说："我这套灶具不卖！"

男主人一听自己的老婆喜欢，而且用这套灶具炒菜很简单，给今后他做饭能够带来更多方便，便说："咋不卖呢？"

销售员说："我今天出门仅仅带了一台样品，什么时候厂家发货还不知道，以后万一有多余的货了，我再告诉你！"

男主人着急了："你的意思是我们只能买剩下的货？"

销售员解释道："不是的，提前两个月交定金的客户现在还没有发货呢！

我只是想，万一厂家多发一台灶具，我就给您留着！"

女主人发话了："我们也交个定金！这样是不是就可以提早拿到货？"

销售员："我还是建议您别买了，即使现在交了定金，两个月也未必能够拿到货！我们厂家的灶具正在升级，还没有结束……"

男主人转身从卧室拿了一叠钱，交给女主人，女主人说："我们先交个定金，我们不着急，啥时候到货啥时候告诉我！"

销售员有些为难地接过钱说："那好吧！"

欲擒故纵利用的是人们的一种心理作用，说白了就是你越是不想这样，对方便会产生一种逆反心理偏偏要这样做。如果销售员在与客户沟通的过程中，巧妙地利用欲擒故纵的策略，掌握交易的主动权，成交必然能够顺利：

✦ 机不可失。针对那些一时拿不定主意的客户，销售员可以说："没有关系，您再思考思考！不着急，不过，今天下班之前我们的促销活动就结束了，之后产品就要恢复原价了！"销售员在说这句话的时候，不要盯着客户严肃认真地说，而要轻松随意地，装作不是很在乎的样子提醒客户。这样客户才会有急迫感！

✦ 限量发售。围绕着你的产品转了好几圈，但还是不能做决定的客户，一是说明他喜欢你的产品，二是说明他犹豫不决。此刻，只需要销售员一句话就可立马成交。销售员可以说："先生你好，你是看上了这款手表对吧！你太有眼光了！但是这不是普通的手表，全球限量版，在中国总共投放 100 块，北京市场仅仅投放了 15 块！我们这个店就剩下最后这三块手表了！"越是限量让客户越是觉得珍贵，越能够激发客户的购买欲望。

✦ 设置条件。比如，有客户对一幅字画很喜欢，有什么办法将他转化成为意向客户呢？那就是设置高大上的条件，客户为了满足虚荣心，必定想尽一切办法让自己满足这些条件，从而进行购买。销售员可以说："我们的字画只卖给那些真正懂得艺术欣赏的行家……"销售员的话中隐藏着更深层次的意思：你不懂艺术欣赏，你也不是行家，我们的产品不会卖给你！客户肯定要证明自己是有品位、有思想、有内涵、懂艺术的人，而且还是个行家，自然要花钱买下来。这就是欲擒故纵法。

销售员在使用欲擒故纵法的时候，要观察客户，并非每个客户都吃这一套，如果是那些磨叽的客户，不妨就利用这招。

销售警语

❖ 巧妙利用欲擒故纵法。其实，利用这招并非是多么难的事情，只要我们紧抓客户的逆反心理就可以成功。很多时候我们强调不要这样做，却偏偏有些人非得这样做。如果在销售中我们拒绝客户购买，客户有可能还非得购买不可，这样不就正合我意了吗？但是，一定要注意方法和技巧，不可鲁莽行事，否则适得其反。

❖ 因人而异。欲擒故纵的方法并非适合每个人。针对那些脾气倔、自尊心强的客户，一旦使用这种方法他可能扭头就走了。欲擒故纵法最适合的人群就是那些优柔寡断、犹豫不决的客户。因此，在使用这种销售技巧的时候一定要察言观色、因人而异。

● 制造悬念法：激发客户的好奇心

俗语有云：好奇害死猫。相信在这个世界上没有人不具有猎奇的心理。那么，我们就可以利用对方的好奇心制造悬念，让对方沿着对销售有利的方向前进。尤其是那些对销售员手中的产品不是很了解，也不感兴趣的客户，销售员可以制造悬念，激发客户的好奇心，进而让客户产生购买欲望，那么销售员的目的就真正地达到了。

销售员如何沟通才能给客户制造悬念，激发客户的好奇心呢？下面有几招供大家参考。

✦ 制造反差很大的悬念，让客户参与互动。我们经常看到大街上有卖袜子的不停地叫喊着："走一走瞧一瞧，世界上最结实的袜子在这里，刀砍不断，火烧不毁！"

买双质量好的袜子几乎是每个人的愿望，当听到还有如此神奇的袜子，大家都围过来想看个究竟。销售员通过用刀砍用火烧证明了袜子的质量，众人纷纷购买。

我们可以看出销售员在制造悬念的时候，制造了一个与普通人思想观念反差很大的悬念，引起了客户的好奇。如果销售员只是说："我的袜子质量好，穿一年也不会坏！"并不会引起大家的好奇，大家只会认为销售员在吹牛。但是"刀砍不断，火烧不毁"超出了人们的正常思维，于是引起大家的好奇，再加上后来大家的参与互动，证实了袜子的质量，购买就成定局。

✦ 巧妙提问引起客户好奇心。每个人在一件事情上的注意力是极其有限的，有时候销售员在客户面前推销的时候，客户没有耐心听，甚至会反感。与其这样还不如不断地向客户提问，让客户不断地集中精力思考答案，从而了解客户真正的需求。如果销售员一味地向客户灌输产品的相关知识，客户只是被动地接受，没有互动与参与，那他很容易听着听着注意力就分散了，不会对产品充满好奇，怎么可能有购买的欲望呢？

所以销售员需要通过提问，让客户时刻充满好奇，比如："您知道我们这款豆浆机与市场上其他豆浆机的不同之处是什么吗？""我们的豆浆机之所以便宜是有原因的，您想知道吗？"

✦ 紧抓客户求新与从众的心理。每个人对未知的、新鲜的事物都有无限的好奇心，因此，我们就要利用这种好奇心来吊胃口，让客户主动找上门来了解。比如："旧款产品您也许用过，但是新款的功能您未必知道！"在这个过程中如果再借势一下客户的从众心理，成交就很容易达成。比如："这台笔记本的最大功能就是当你输入关键词，它就能够帮你完成任何工作！为你节省更多的时间和精力！多划算！张总和李总都已经买了！你还在犹豫什么呢？"利用从众心理的时候，所列举的人物最好就是客户身边的人，或者客户所知道的人，这样达到的效果最好。

✦ 抓住客户的痛点，同时要犹抱琵琶半遮面。客户能够站在销售员面前，证明客户是有需求的，这就是客户的痛点。也许客户的问题我们只需要几分钟，甚至几秒解决，但是如果我们立马解决了，客户会觉得既然如此简单就解决了，你还好意思收我那么多钱。客户会觉得自己的付出与时间不成正比。

因此，销售员在与客户沟通的过程中要不断设置悬念，针对客户需要了解的信息，不要一股脑儿全告诉他，而是要有所保留，在后续沟通中一点一点地告诉客户。

销售员可以说："张先生，你拿来的电脑，我们请维修的师傅认真检查了，还真存在着很大的问题，你是打算继续维修呢？还是买一台新的呢？"

客户会追问："什么问题？有这么严重吗？"

此刻，在一般情况下销售员会直奔主题，告诉客户电脑具体问题出现在哪里了，但是作为有经验的销售员不会立马告诉客户。他要抓住客户急切知道问题的痛点，这就相当抓住了销售的主动权。

因此，销售员接下来这样与客户沟通："当然这台电脑也不是说不能维修，但是维修的成本比较高，也存在着不能完全修复的可能性，如果买一台新电脑，成本未必超过原来的电脑，当然我们只是建议，最终您采取哪种建议，还是您说了算！"

一般销售说到这个份上，客户不会再抱着电脑去别家了，只会听从销售员的安排了。

✦ 给客户投放利益的诱饵。俗语道：无利不起早。只要有利益就有吸引力。那么，销售员在与客户沟通的过程中就要给其下好"诱饵"。如果客户对其"诱饵"感兴趣，就会一直追着"诱饵"跑。

销售员如何投"诱饵"呢？比如："如果我们的机器能够让你节省百分之三十的成本，提升百分之五十的利润，你有没有兴趣了解一下？""这台机器只要再花一千元改进一个装备，就可以提速百分之二，你相信吗？""你购买了这款产品，才有可能说服其他客户啊！你再每介绍一个客户给你提成百分之十五！这你还犹豫什么啊？"

要想让马儿跑得快就得给马儿吃草，要想让客户为你带动更多的客户，必须与客户共赢，这样才能调动客户的积极性。

销售警语

♣ 悬念有"含金量"。这里所谓的"含金量"就是有足够的吸引力，能够让客户充满好奇心。如果销售员设置的悬念客户不感兴趣，甚至稍微在手机上一查就能够找到答案，这样的悬念无疑没有任何"含金量"，对成交没有任何的意义。

♣ 悬念的揭秘要会抖包袱。为了放长线钓大鱼，针对客户急切需要知道的问题，销售员不能立刻告诉他，而是要像说相声、抖包袱一般，不断给客户小惊喜。但是强调一点因人而异，如果你的客户办事雷厉风行，速战速决可能是最好的策略。

● 设身处地法：只有赢得信任才可赢得成交

如果销售员想与客户达成交易，信任是最重要的砝码。如果没有信任就没有认可，没有认可就不可能有成交。因此，作为销售员，在销售的过程中应该将客户对自己的信任放在很关键的地位。否则再好的产品，无论价位多么的优惠也是难以达成交易。

销售员在与客户沟通的过程中，应该学会换位思考，能够设身处地为客户着想，能够切切实实为客户解决难题，而不要仅仅成为一句口号。每一件产品都有自己的优劣势，每个客户的需求点又不相同，作为销售员应该根据客户的需求，将产品的优劣势明确地告诉客户，而不能为了个人业绩给客户"报优不报劣"，欺骗、隐瞒客户，当有一天发现问题的时候，销售员不仅失去了一个真正的客户，而且也失去了他人的信任。因此，销售员在为客户推荐产品的时候，一定要设身处地地想一想，"己所不欲，勿施于人"。

安杰拉是一位家电销售员，她每年都是这个家电公司业绩最好的销售员，其原因就是当她每次面对客户的时候，都能够设身处地地为客户着想，客户不满意的产品绝对不推荐，产品有瑕疵的绝对不给客户推荐。正因为如此，安杰拉成了老客户心目中人品最好的，赢得了大家的信任，老客户给安杰拉推荐了很多的新客户，这也是安杰拉业绩暴涨的主要原因之一。

这天，安杰拉接待了一位新客户，沟通了一会儿安杰拉便说："我知道您是真心来买热水器，但我还是建议您再考虑一下，其实我们这个热水器还有个缺点！"

客户蒙了，很多销售员恨不得将自己的产品形容得完美无缺，唯恐说得不够好客户不愿意买了，哪有销售员说自己产品不好的，客户不但没有走，反而更加来了兴趣，便问："有什么缺点啊？"

安杰拉很严肃地说："我们这个热水器用着是不错，但是如果关掉花洒十分钟，就会主动熄火，要想继续使用，就得重新点火！"

客户笑道："哦！这样说的话应该说明这个热水器很节能啊！"

安杰拉赶紧说："您还真是个内行，就是一个安全节能装置，但是我担心您嫌麻烦，所以才实话实说的。这个热水器的其他设计也都比较受客户喜欢，唯独这点，有很多客户不理解这个小节能的安全设计，还是您比较明白。"

客户说："还是安全些好一些，这个不仅节能减耗，而且对人的安全也是一种保障，很多人不知道这个小装置的用途，误解也可以理解，但是就需要你向每个客户都解释！"

安杰拉说："这倒没有什么，是我工作分内的事情。我性子比较直，有什么事情都跟您说明白。您要是不明白这一点，回家一用，还认为我们可能给您卖了假产品呢。再说，如果来回换的话您也比较麻烦，与其这样我还不如将一切告诉您，至于最后您要不要我们的产品，您自己看着办对吧！总之，我不能让您买到不放心的产品。您说对吧？"

客户赞叹道："你这个小姑娘真爽快！"

安杰拉说："感谢夸奖，请问您还有其他什么不明白的地方吗？"

客户："没有了，就买这台吧！"

安杰拉："您的眼光真好！"

在这个案例中，安杰拉的坦诚赢得了客户的信任，最终达成交易。更关键的是安杰拉将优点披上了缺点的外衣，然后让客户自己去识别，可谓是销售高手中的高手。如果直接说优点，有点"老王卖瓜，自卖自夸"的嫌疑，但是被包装之后，优点以缺点的方式展现在客户面前，客户发现这个缺点不仅是优点，更是自己所需要的强大功能。比销售员直接说优点效果好百倍。

那么，销售员如何做才算设身处地为客户着想呢？

✦ 不要目的性太明确，为客户真正排忧解难很关键。如果销售员见到客户想到的就是如何从客户的衣兜里面将钱"骗"到自己的衣兜，那么，在与客户沟通的过程中，销售员就不可能全心全意为客户提供服务，因为心中一直打着自己的小算盘，更不可能发现客户真正需要解决的问题，怎么可能赢得客户的信任呢？只有一心想着切切实实服务客户，才能在服务的过程中体现出真心，才能赢得客户信任。最后其他一切都是水到渠成的事情了。

很多销售员都是只要客户成交了，就不愿意让客户再联系自己，唯恐售后的时候客户老缠着自己，但是如果有销售员反其道而行之，是不是更容易赢得客户的信任呢？比如："先生，你拿回家使用的时候，发现任何问题都可以随时打我的电话，我立马帮你解决！"

✦ 客户最担心的是售后无人管，或者反复推卸责任。现在销售升级了，大家买的不仅仅是产品本身，更是买产品的售后服务。很多情况是客户买产品的时候很容易，但是售后的时候处于无人管，甚至销售员反复推卸责任，不愿意对客户负责。

那销售员如何解决客户的后顾之忧呢？比如："大妈你放心，如果买回去之后，只要不是人为破坏，三个月内出现问题我们免费为你换新产品，如果一年之内出现问题，我们派人上门免费为你维修！这是我个人电话，这是公司的服务电话！"

✦ 站在客户角度进行解决问题。当销售员面对客户不知道如何去接待时，不妨站在客户的角度想一想，也许你就会明白应该怎么去面对客户吧。

比如，销售员可以这样对客户说："我们这台净水系统是为 300 平方米以上的家庭单位设计的，我不建议您选购，您的家庭现在是 100 平方米，我建议选择这个型号的净水系统，不仅足够满足您的需求，而且还能够为您节省更多的钱，您觉得如何？"

总之，只要销售员能够站在客户的角度，设身处地地为他着想，或者能够坦诚产品的优劣势，帮助客户找到真正解决问题的方案，就可以很快赢得客户的信任。只要赢得客户的信任了，生意就会主动找上门的。

销售警语

♣ 做人靠谱很关键。这个世界上最难找的人是靠谱的人。销售员要想找到靠谱的客户，那么销售员首先必须靠谱，只有这样才能赢得好口碑；口碑是最好的招牌，只有金字招牌才能吸引靠谱的人向你靠近，身边的人多了就有了生意可做。

♣ 暴露短板并非是示弱而是坦诚。销售员如果在客户面前过度渲染产品的优势，客户的期望值就会增高，一旦他使用产品的时候发现并非如此，期望值反差过大，客户就会自责上了销售员的当。如果销售员能够在客户面前自暴短板，虽然少了一笔单子，却赢得了一个好名声。暴露短板并非是向客户示弱而是坦诚面对客户，只有这样才能算是设身处地为客户着想。

● 让步成交法：拒绝第一次但无法拒绝第二次

对于销售员来说，既要懂得步步紧逼客户，更应该懂得退让。如果你想要别人答应你的请求，你第一次可以提一个相对大的、难以做到的，对方完全有可能拒绝的请求。如果对方拒绝了，此刻你再将内心需要解决的真正的问题提出来。这样相当于你已经向对方做出了让步，而对方则有义务同样也做出让步。一般来说，拒绝了第一次不可能拒绝第二次、第三次。因此，在互惠心理的影响下，你的请求是很容易被对方接受和应允的。如果没有之前的让步，而直接提出问题，则遭受拒绝的可能性将非常大。

让步成交法，经常在商业谈判中使用，当你提出的要求无法达到的时候，很容易形成僵持的局面，与其这样不如退一步，让彼此走出僵局，你让步了对方也会做出让步，这样对促成成交有重要的意义。当一方主动让步，就会占主动地位，反而给对方造成一种压力，使得对方陷入被动。即使最先做出让步的一方不说话，对方也能够感觉强有力的力量：我已经不再坚持我的要求，我已经做出了让步，难道你就不做出一些让步吗？最终成交的基础就是双方共同做出让步，从而促成交易。

比如，有小姑娘在街上卖花，她拦住了一个年轻小伙子："大哥哥，买一束玫瑰花送女朋友吧！一束十枝，只卖50元。"

小伙子摇摇头说："我还没有女朋友，不需要玫瑰花！"

小姑娘并没有放弃，说："大哥哥这么帅气，肯定有女孩子喜欢的，既然不想买一束，那就买一枝玫瑰吧！才5元！"

小伙子说："谢谢，但我不需要，我即便买一枝玫瑰花，也不知道该送谁啊！"

小姑娘还不罢休，说："大哥哥，你既然不买玫瑰，那就买几块巧克力吧！很便宜的，一元钱一块！"

小伙子再也找不到拒绝小姑娘的理由了，小姑娘一再退让，如果自己再拒绝显得有些太残忍了。于是，小伙子做出了让步，掏出了钱。

通过这个案例我们可以看到，最初小伙子是坚决拒绝，但是小姑娘一直在退让，后来小伙子接受了，为什么会发生这样的变化呢？这是因为小姑娘的一再退让给小伙子造成了很大的压力：对方都已经退让了，自己好意思拒绝到底吗？最后小伙子也做出了让步，达成了交易。可见妥协让步也是一种销售策略。

家电公司招聘了两位新的销售员安琳和露娜，为了锻炼这两位新人，公司安排她们分别拜访一些重要的客户，以推销自己公司的电视机。这种电视机价格比较昂贵，所以安琳和露娜心里都没有底。但是一天结束之后，却出现了惊人的反差。安琳一台电视机也没有推销出去，而露娜却推销出去十台电视机。为什么会出现如此大的反差呢？

原来，安琳为了能够让客户购买自己的电视机，在客户面前使出浑身解数，试图说服客户购买，但是客户因电视机的价格过高等原因都委婉拒绝了。

露娜知道公司的电视机价格很高，如果直接推荐肯定被客户拒绝，必须采取一定的策略。因此，露娜在拜访客户的时候，先给客户介绍了一款不属于他们公司的电视机，这种电视机价格更高。当客户拒绝了高价位的电视机的时候，露娜这才将自己公司价位相对低的电视推荐给客户。还说："既然你觉得那一款价位太高，那么我们还有一款功能上也很先进但是价位很低的电视机，你是否可以考虑一下！"由于客户已经拒绝了露娜一次，于是第二次不好意思再次拒绝，只好接受了。

这种先高价后低价的推销方式，确实能够得到意想不到的效果。其实这种策略在日常生活中都是可以用的，特别是在与客户谈判的过程中，一方先提出了极为苛刻的要求，然后在这个基础上，逐步进行退让，最终迫使对方也做出让步，从而实现自身的目的。

在谈判的过程中一定要把握住度，不可天马行空，如果非得这样做只能引起对方的反感，觉得你没有成交的诚意，即使你做出了让步对方也不会念你的好。因此，在使用让步成交法的时候一定要根据具体情况，把握住分寸，使其对客户的影响力达到最佳。

销售警语

❧ 谁先让步谁先掌握主动权。在谈判的过程中，如果双方都希望按照自己心目中的价位进行交易，且互不让步，只能陷入僵局。此刻，如果一方能够主动让步，就会占主动地位，反而给对方造成压力，使得对方陷入被动地步，被动就会吃亏，被动就没有话语权，被动就会任人宰割。

❧ 循序渐进，给谈判留有余地。一般来说在谈判的时候，首先要起点高一些，这样在谈判的过程中才有很大的让步空间。如果一开始起点就很低，在谈判的过程中让步的空间就很小，再让步就亏本了，但对方却会认为你不想让步，进而认为你对交易不够诚心，那么交易就没有任何意义了。

CHAPTER 7

第七章：
面对讨价还价的客户，该怎么说？

　　客户对价格极其敏感，你该怎么做？一味要求降价的客户，又该怎么面对呢？你知道什么时候做出报价，客户的抵触心理最弱吗？良好的销售来源于巧妙的沟通，随着我一起，提升自己的能力吧！

● 价格虽然很敏感，但说服客户有绝招

在销售过程中价格是一个极为敏感的词，它可以决定交易的成败。如果价格相对合理，双方可以接受，最终成交，达到双赢。可是，很多时候客户觉得产品太贵让销售员降价，但销售员觉得不能再降价，否则就亏本了，搞不好还可能被老板炒鱿鱼。这是双方都站在自己的角度考虑，而没有换位思考的结果。

作为销售方，给产品定价的时候不能让价格居高不下或者是一成不变。当客户针对产品的价格提出异议的时候，销售方应该根据当下的具体情况，让产品的价格有所浮动，让客户时刻感觉到以这价位买到这款产品是绝对的物超所值。只有这样客户才愿意继续来你这里消费。很多人都有定势思维，比如这家理发店的头发理得不错，于是反复去这家，也许其他家理发更漂亮，不好意思，客户的定势思维就是这样，在他们的眼中只有这一家。

当销售员遇到客户针对价格有异议的时候，最好的办法就是化整为零，也就是将产品的价值拆分开，比如产品的质量、成分、材料等，这样算下来客户就会觉得自己不吃亏，反而占了大便宜。

有客户觉得洗衣机太贵了。

于是，销售员说："我们的产品是原装机，也就是在美国完成组装，然后运送到码头，装上货轮，漂洋过海，经过半个月才能运送到上海，到了上海卸

下来，再次分装，然后运送到北京，到北京再送到我们的店里，店里还需要交房租、水电费、员工工资费用等，这每个环节都需要钱啊！你想想，一台洗衣机我们才卖几个钱啊？我们的暴利在哪里呢？如果有暴利，全世界的人都干这个了，你说是吗？"

当销售员说完之后，客户的脑海里立马就会形成一幅画面：组装洗衣机的个人，美国的码头，装卸工，漂洋过海的货轮与惊涛骇浪……这样一想似乎销售员说得有道理，自己还占便宜，于是掏钱成交。

销售员在与客户讨价还价的过程中要学会引导，让客户不能只将目光盯在价格上，而是盯在获得该件产品之后所带来的好处上。

比如，有老太太打算买一个砂锅，因为儿媳妇快生宝宝了，想炖汤补一补营养。但是，由于老太太没有多少钱，所以总觉得贵。另外，老太太与儿媳相处得不是太好，所以老太太犹豫不决。

销售员了解情况之后劝老太太："你能够对你儿媳这样好真是难得。再说她现在对你有点误解也是很正常的。你想想人家从小在她妈妈身边生活了二三十年，突然来到你身边，虽然说婆婆就是妈，可是你毕竟没有生人家啊！所以咱们要理解人家才对，对吧？再说她现在马上要生孩子啦，正好给你创造了拉近距离的机会。你用我们的砂锅煲汤，美味健康有营养，儿媳喝着你煲的汤能不开心吗？将来为你再生一个大胖孙子，你说你多幸福？吃人家的嘴短拿人家的手软，到时候儿媳对你还能不好吗？你还可以用我们的砂锅给你的孙子煲汤，想象一下你的孙子喝着你煲的汤，嘟嘟小嘴吧唧吧唧，多可爱啊？"

老太太一听这个砂锅不仅可以给儿媳妇增加营养，还可以缓和婆媳的关系，更关键的是还可以给自己未来胖乎乎的孙子煲汤，想到孙子的嘟嘟小嘴，老太太心里乐开了花，立马掏钱买走了砂锅。

在处理价格难题的时候，销售员应该接过对方的问题，多向其介绍产品的优势，也就是产品的功能、效用等，让客户明白一分钱一分货的道理，当明白了这个，客户就不会抱怨价格太高了。

有位女士打算买一款化妆品，可是看到价格的时候犹豫了。

销售赶紧对这位女士说："小姐，你可能还不知道，我们的化妆品是国际品牌，具有调节与改善皮肤组织细胞代谢作用的特殊功效。它能够消除眼角的鱼尾纹，使粗糙的皮肤变得光滑细腻，并能保持皮肤的柔嫩，使皮肤富有弹性，从而达到美容的效果。况且，这瓶化妆品适用于不同类型的皮肤，一天只需要使用一次，一瓶能够用半年，很值得！"

女士听完销售员的这番解释之后，心里的价格障碍也随之不见了。

当客户做出购买决定之前，肯定会对产品的功能、优势、款式有详细了解的需求，作为销售员有义务做详尽的介绍，并且通过比较的方法，将自己产品的优势凸显出来，这样客户的注意力才会从价格上转移到产品的优势上面，也才愿意买单。

销售警语

♣引导客户，让其注意力从价格转移到产品优势。能否成交价格起到了很关键的作用。如果客户与销售员只围绕价格谈，彼此都不让步，只能让谈判陷入僵局。此刻，最好的办法就是学会引导，将客户紧盯价格的目光引导到产品的其他地方。比如，产品的功能、款式、颜色，以及售后服务等。除了价格之外，总有一个方面的优势让客户忽略价格觉得必须买，只有买了才不后悔。

♣只降价不是唯一的办法，增加附加值也会让客户心动。如果一味地通过为客户降价达到成交，那么虽然成交了，但为企业创造的利润却下降了。有一种办法就是不降低产品价格，却让客户觉得物超所值。那就是通过赠送或者为某件产品打折的方式让客户的需求得到满足，同时让他觉得自己占了大便宜。

● 报价有技巧

在销售的过程中，销售员怎么报价，何时报价成为能否交易的关键点。这其实是有技巧的，如果销售员不能把握报价的技巧，更不清楚何时报价，完全有可能导致前功尽弃，即便前期做了很多的工作，客户也不领情。

因此，销售员应该对客户、产品等相关的信息有一个详细的了解，在与客户沟通的过程中能够很好地引导客户，让客户的思维向着有利于交易的方向发展，并且采取有效的话术，调动起客户的购买欲望，然后抓住时机报价，这样，成交概率将大幅度提高。

但是，也经常有这样的情况发生，当销售员报完价的时候客户总是会说，太贵了！即使销售员降价了，但客户依然难以接受，为什么会出现这种情况呢？其实，还是我们没有很好的掌握报价的技巧，从而引起了客户的反感。

卡琳娜是一家电子公司的销售员，她通过自己的努力终于说服了一家大客户，使其对自己公司的产品产生了浓厚的兴趣。

客户："你的产品外观看起来不错，就是不知道性能怎么样？"

卡琳娜："您放心吧！无论从外观还是从性能、质量来说，我们的产品绝对没有问题。如果您觉得我在电话中还没有说清楚的话，我诚挚地邀请您直接来到我们的工厂进行参观考察，眼见为实嘛！今天下午有时间吗？"

客户："我今天下午开会！"

卡琳娜："那这样吧！咱们明天上午十点，我去您公司接您。怎么样？"

客户："不用那么麻烦，明天上午我开车到你工厂就可以了！"

第二天，客户如约来到了卡琳娜的工厂，经过卡琳娜的介绍及客户的亲身体验，客户对她的产品很满意。

卡琳娜："我们的产品经过国际认证，完全符合国际标准。而且我们有非常完善的售后服务，只要有问题都可以给我们打电话，我们免费上门服务。购买我们的产品就等于购买了放心。我们的宗旨就是帮助客户解决困难！"

客户："哦！是吗？"

很明显，客户对卡琳娜的产品有极大的兴趣。

卡琳娜："对，正是因为我们的产品质量好，所以价格会相对偏高，这是我们公司设备的一览表，您看一下！"

客户看了卡琳娜提供的表格，不由得点头。虽然和同类产品相比，卡琳娜销售的产品价格高一些，但是这位客户还是与卡琳娜签订了一份大单。

在这个案例中，卡琳娜很懂得何时报价：她将自己的产品优势和质量保证全部告知客户，并且在客户对自己产品充满了极大的兴趣时，报出了自己产品的价格，并让客户看设备表格以增加可信度，这招报价方式很高明，最终顺利、成功地完成了销售任务。

作为销售员要想通过自己的报价拿下客户，那么在选择报价时机的时候一定要注意。因为选择一个对的报价时机，对销售员来说尤为关键。如果销售员能够在最佳时机对客户报价，那么销售取得成功的机会就会很大。那么到底什么时候才是最佳的时机呢？一般而言，最佳的报价时间点至少符合下面几个条件。

✦ 客户对产品有深刻的认识，并且知道这件产品对自己的好处。

✦ 销售员对客户有充分的了解。至少知道客户为谁购买东西？客户是专业人士还是非专业人士？客户喜欢什么样的产品？……

✦ 通过销售员的介绍或者客户亲手操作，客户对产品产生了浓厚的购买欲望。

如果销售员在报价的时机还未成熟就着急向客户报价，容易导致客户购买的欲望降低，而且容易导致意向客户的流失。那些有着丰富销售经验的销售员，不仅对客户的需求心理有一定的掌控能力，而且十分清楚该在哪个时间段，甚至聊到哪个话题适合报价。总体上来说，报价越靠后对价格产生的异议越小，如果刚一接触客户就报价，无论报价高低都容易将客户吓跑。

那么，报价的时候需要掌握哪些技巧呢？

✦ 让客户产生价值认同。在向客户报价之前，先让客户对产品有全面的了解，并且对产品价值有所认同。客户购买的并非是产品本身，而是产品的价值，只要客户认同了产品的价值就可以达成成交。

✦ 将产品价值进行拆分。也就是将一款产品的价格拆分成小单位来报价。比如一款手表 2400 元，使用 20 年，那么每年花 120 元，每月花 10 元，每天花 0.33 元，三毛钱对客户来说是一个相当小的数字，所以成交也变得轻而易举。

✦ 进行价格对比。运用这一策略的时候，销售员手中至少要掌握一种较高价值的同类产品。

◆ 巧妙引导，让客户认为这是最低价格。这种方式就是用一种先入为主的语言，迎合客户力求最低价格的心理。当客户走进店的时候，销售员就提高声音说道："今天是五一劳动节，我们这里的所有商品一律八折！"通过这种方式营造一种销售氛围，让客户感觉这里的价格是全商场价格最优惠的，进而驻足。

◆ 给客户示范，让客户知道一分钱一分货。如果客户觉得这件商品价格高，难以接受，销售员应该把所推荐的商品与一些质量不如本家的商品放在一起示范，借以强调自己产品的优势，让客户认同自己的商品。示范中所表现出来的产品差异会使客户的反对意见消失得无影无踪。

总之，在与客户沟通的过程中，不能因为客户要求的价格过低就取消客户的订单，而是要学会报价的技巧，还要注意无论生意大小，都不能乱开价，也不能一根筋，面对客户的砍价死不放口，而要用自己所学的报价技巧，巧妙报价，只有这样才能够成交，同时还能与客户维护好关系。

销售警语

♣ 报价之前让客户对产品进行了解是最基本的要求。每个客户对产品的价格都会提出异议，这是人之常情。客户只有在充分了解产品的具体情况之后，才能够理性地看待产品的价格，这个时候报价是最有效的。

♣ 学会引导，让客户对产品时刻充满热情和欲望。我们在向客户推荐自己的产品时，初期客户可能感兴趣，但后来可能不感兴趣了。此刻，作为销售员可以通过语调的变化、优惠、折扣等关键词，让客户时刻对产品充满热情和欲望。

● 客户开口砍价，销售员如何应对

在销售的过程中，总会遇到一些客户，无论销售员给他优惠到什么地步，他都感觉自己有些吃亏，于是为了将吃亏的风险降到最低，他不停地砍价，让销售员有些不知所措。要说客户诚心买嘛，却不停地砍价，让人怀疑并非诚心购买；要说不诚心购买嘛，反复砍价，浪费如此多的时间，到底为哪般？

有女孩走进服装店，经过一番挑选，终于锁定一件时尚的连衣裙。

销售员："小姐您的眼光真好，这款连衣裙可以说是我们店的镇店之宝，也是今年最流行的款式，无论是花色还是款式，都是非常时尚的。如果您喜欢可以穿着试试效果。"

女孩穿上衣服之后，站在镜子面前，转了几个圈，似乎很满意。

销售员趁热打铁："我们这件连衣裙能衬托您，让您的气质更加优雅，特别是您今天穿的这双高跟鞋，搭配起来多漂亮，走在大街上立刻能够成为焦点，我觉得您都不需要再脱下来了，直接穿着就可以出门了。"

女孩被销售员夸得心花怒放，满脸笑容，不由得又在试衣镜前转了几个圈，似乎自己现在已经成了焦点。她问："看着还不错，多少钱啊？"

销售员："这款连衣裙是新款上市，299元。"

女孩："啊！这样贵啊！只不过是一款裙子而已。便宜点不行吗？"

销售员："我们这几款是便宜的，您能够看得上吗？"销售员指了指旁边其他的衣服。

女孩没有看旁边的衣服，只盯着自己已经选中的这件连衣裙。

销售员接着说："您能够选择这件连衣裙是有道理的，它能够引领时尚潮流，它让您穿起来不仅简单大方，而且更加端庄优雅，您也难得选上如此让您满意的衣服吧！再说，如果这件衣服您保养得好，穿三年都没有问题，平均每年只花一百块钱，却能穿如此高雅的衣服，这是多么值啊！虽然我们的衣服从来不打折扣，但是千金难买个喜欢，而且您穿起来如此漂亮，都可以成为我们衣服的品牌代言人了。我也是女人，能够理解当看到自己喜欢的衣服，却因为价格而犹豫的痛苦，所以我破例一次，给您打一个九折，但不能对外说我给您打折哦，要不我就亏大了。"

女孩："好的，非常感谢！"

销售员之所以能够快速成交有自己的道理：

✦ 无论长得多么丑的人，都喜欢别人将自己夸成一朵花。作为销售员一定要学会赞美别人，赞美是最廉价的投其所好，赞美是拉近距离的灵丹妙药。不要觉得赞美不赞美无所谓。说者无意听者有心。当客户听到你的赞美的时候，心里还是很愉快的。虽然有的客户为了防止被销售员看出来，假装没有听到，但内心还是乐滋滋的，事实就是如此。

✦ 让客户认识到一分钱一分货。当客户觉得有些贵的时候，销售员立马让客户看看旁边便宜的衣服，其实销售员知道，这位客户已经从所有的衣服中筛选出自己最喜欢的衣服了，在她的眼里再不可能选择其他的衣服了。但销售还是让客户对比了一下，这并非是我给你卖高价，而是让客户明白一分钱一分货的道理，给客户一个购买的理由。

✦ 换位思考，与客户站在同一战线。"我也是女人，能够理解当看到自己喜欢的衣服，却因为价格而犹豫的痛苦。"销售员的这句话，让客户与销售员本来对立的关系，突然变成了一个战线的人，立刻给客户创造了一种错觉："女人何苦为难女人"，她能够理解我的犹豫，她就不可能占我太大的便宜。因此，客户放松了警惕，销售员也赢得客户的信任。

✦ 破例优惠，让客户有一种独享尊贵的优越感。如果全场都九折，对客户来说没有多大的吸引力。但是"我们衣服不打折扣"，唯独对你"九折"，让客户觉得自己有独享尊贵的优越感，觉得自己与众不同。

其实与客户讨价还价的过程就是一个心理博弈的过程，博弈的焦点就是彼此利益的平衡点问题。如果我们不能够巧妙地应对客户的讨价还价，轻则双方陷入僵局，重则伤了和气，断了情义，给自己带来经济上的损失。

那么，销售员面对客户的讨价还价该怎么办呢？

✦ 以退为进，适当让步。如果客户在砍价，销售员却死死咬着不放口，那么导致的结果只能是客户最后失望地离开。这样相当于拒绝了一个真正的客户，与其这样不如销售员适当让步。销售员在报价的时候，一定要给客户留下砍价的空间，别报底价，否则销售就很两难：如果给客户让步自己就得亏本，不让步自己就没有成交的机会。只有对等才能平衡。当销售员让步了，那么客户也需要让步。只有这样，双方在让步的过程中才能共同走向对等的平衡，才可完成交易。

　　✦ 给客户一点小恩小惠来补偿，让客户不至于觉得吃大亏。当客户砍价，销售员不让步，或者让步很小的时候，客户即使购买了自己喜欢的产品，从内心来说还是有些不悦，觉得自己有些吃亏的。为了让客户既买到了自己喜欢的商品，又不至于觉得自己太吃亏，那么就需要销售员适当地进行补偿。比如，买一套西服赠送一件衬衣；买一条裤子赠送一双袜子；买一双鞋子赠送一双鞋垫等。

　　总之，讨价还价的过程中，销售员既要懂得进攻又要懂得让步，在进退之间掌握主动权，掌握平衡点，才能完成更多的成交。

销售警语

　　♣ 注意报价的分寸。销售员在报价的时候不要报太低，要给客户留下砍价的空间，逐步让价，最好让步不要超过三次。否则，客户抓住销售员急于成交的心理，便会"得寸进尺"，即使销售员亏本卖，客户还是觉得贵。

　　♣ 补偿的技巧。补偿客户的商品价值根据客户购买的商品价值的多少来决定。如果客户购买的商品很贵重，那么可以赠送一个稍微贵一点的商品；如果客户购买的商品不是很值钱，就赠送一个不是很贵的东西。但无论赠送什么，尽量不要赠送自己的主营商品。

● 讨价还价的过程中还得学会说 NO

作为消费者来说，买到物美价廉的商品是最终的目的，那么讨价还价是必不可少的。可是当消费者提出的要求让销售员难以接受的时候，销售员如何应对呢？是为了成交委曲求全？还是断然拒绝呢？其实，作为销售员，为自己挣钱是主业，任何时候都不能牺牲你的主业来换得他人的快乐。否则，你不仅没有给公司创造利润，也没有为自己创造价值。因此，当客户提出非理性的要求时，该拒绝的时候一定要拒绝。

客户拿着挑选的商品爱不释手，可是听到销售员的报价有些犹豫不决了。

销售员："您觉得这件产品有什么问题吗？"

客户："产品的质量和功能都没有问题，唯一的缺点就是价位太高，如果你能够将这个价位降一降，我肯定掏钱购买。"

销售员："好吧！看在您诚心买的分上，我给您降 50 元，这已经是最低的价格了，不能再降低了……"

客户："你降这么点钱和没有降有啥差别啊？我肯定诚心买，你再给我降一些吧！"

销售员："稍等，我们再算一下……我们挣点工资也不容易，我只能给您再降低 10 元，再多就真的不能……"

客户："怎么给你付款呢？可以赊账吗？"

销售员："我这里不接受赊账！希望理解！"

客户："我没有带那么多的现金，你看能不能让我先付一半，先将产品带回去使用，一周之后我将另外一半钱付清。"

销售员："先生，实在对不起，我不能这样做，我也没有这样的权力。"

作为销售员一定要学会拒绝，之所以很多人不敢拒绝，就是因为担心自己拒绝之后会有不好的后果，比如："我和他这样熟悉，怎么好意思拒绝人家呢？""我拒绝了他的这个要求，他肯定不会买我的产品了！""客户是上帝，拒绝客户就是拒绝上帝。"……正是因为销售员有这样那样的顾虑，所以只能一步步退让，甚至有些销售员为了与客户搞好关系，又不想损害公司的利益，就用自己的钱来补偿客户，以求与客户建立良好的关系。这种打肿脸充胖子的做法实在不可取，一两个客户也许牺牲点自己的利益还是可以接受的，但是当面对更多的客户讨价还价的时候，你还能掏得起吗？

拒绝就是在客户面前画出一条红线，如果逾越这条红线，彼此就一拍两散。通过这种方式让客户明白自己可以提哪些要求，哪些要求不能提。这样既维护了客户的尊严，同时也保证了销售员的利益。如果销售员不懂得拒绝客户，一步步退让，只能让客户得寸进尺。以这样方式培养出来的客户，无异于在培养自己的敌人。当有一天销售员退到墙根，无路可退的时候，只要对客户表现出稍微为难，客户立马就会和你翻脸，在他眼里你就是没有诚心去帮助他，他不会考虑到你的实际情况。

那么，在讨价还价的过程中如何拒绝对方呢？

✦ 将客观事实告诉客户。当客户向你提出一个你无法解决的问题的时候，唯一有效的办法就是将自己面临的客观事实告诉客户。让客户明白并非不想帮他，而是客观条件不允许这样做。比如，该产品进货价格是 100 元，客户想 50元买走，作为销售员不可能低于这个价格卖给客户；当面临专业技术问题，而你是非专业人士，无法解决客户的问题，就可以拒绝客户；当国家法律法规明确禁止，但客户非得要你突破这个底线，就必须拒绝，向未成年人出售香烟就属于这类。

✦ 拒绝可以做得委婉一些。当客户提出自己的要求时，我们首先要对客户的要求进行分析，针对客户话语中合理的部分予以肯定，让客户感受到你对他的尊重，然后以转折的形式说出自己拒绝的理由。比如："你讲的道理我非常赞同，但我们公司有自己的特殊规定啊！"这样委婉的拒绝一般客户都可以接受。如果直接拒绝客户，比如："你说的是完全错误的，我不能接受！"只能将问题激化，双方都不讨好。

✦ 对那些反复纠缠的客户可以采取以攻为守的方式。当客户提出的问题，销售员无法解决的时候，为了防止被纠缠，销售员可以提及对方在前面拒绝你的某个要求，告诉客户你可以同意他的这个要求，但他必须满足你的那个要求，并告诉客户他的这个要求跟你的那个要求本质上是一致的。这样客户会不再提要求，或者答应了你的要求，总之，他不会再随便提要求了。

✦ 通过引导让客户进行自我否定。即使客户提出一些不合理的要求，销售员也不能直接据理力争，更不能针锋相对，而是应该旁敲侧击，让客户认识到自己所提的问题的不合理性，进而撤销自己所提出的无理要求。

总之，客户提出的无理要求该拒绝的就要拒绝，做一个有原则的人。如果没有底线，没有原则，虽然客户占了便宜，但在客户心中你就是一个无原则的人，下次他会继续对你变本加厉地提要求，与其这样不如提早拒绝，让自己轻松面对每一个客户。

销售警语

♣ 要有拒绝的勇气。不要害怕拒绝客户，之所以害怕拒绝是因为销售员担心拒绝之后带来的不利影响。该拒绝的时候就要拒绝。如果你不拒绝客户，客户就会不断向你提出无理要求。

♣ 拒绝要抓住时机。要想有效地拒绝客户的无理要求，也需要选择恰当时机。当客户特别喜欢你的产品想立刻买下来，但由于价钱等原因迟迟无法决定的时候，可以提出："先生，我决定了，这件产品我不卖了！"一般情况下，客户会提高价钱来购买。

● 以客户喜好程度，掌控价位浮动大小

客户对产品喜好的程度影响着他的购买欲望。我们在现实社会中经常看到这样的情况，当一个人对某一件产品感兴趣的时候，可以达到茶不思饭不想的地步，甚至为了得到这件产品，会不惜一切代价。同一件产品，当遇到不喜欢它的客户时，即使是免费塞在手中，他也会当垃圾扔掉。所以，销售员在与客户沟通的过程中要能够巧妙地与客户沟通，掌握客户对某一件产品的喜好程度，通过这种方式了解成交的概率。也可以根据客户喜欢的程度在价格浮动大小上做文章。对那些兴趣不大的客户，可以大幅度降价诱惑客户成交，这个幅度应该根据企业的某些指标来衡量。如果客户特别喜欢某一款产品，那么降价的浮动就要变小或者不降价，因为只要客户喜欢，无论多少钱也会进行购买，为何要降价呢？

有位女士在商场的手机专柜转了好几圈，最后在一家知名品牌手机专柜停了下来，仔细对几款手机看了起来。

销售员："小姐您好，您看的手机是今年最新款！"

客户："难怪我之前没有看到过，不过说实话，这手机看上去很漂亮，可是这价格也太贵了吧！让人看得起买不起啊！"

销售员："小姐您的眼光真不错，这几款手机价位之所以稍微高一点，主要是因为它们不仅功能强大，而且外形美观，颜色典雅，款式设计新颖，看起

来显得非常有品位。如果您对它的这些优点都比较了解，那么这个价格绝对划算的。"

客户："但是这价位比别的手机高 1000 多，这可不是个小数字啊！"

销售员："那您觉得多少钱您才可以接受啊？"

客户："如果在这个价位上便宜 500 我就买了。"

销售员："不好意思，如果这个价位给您的话，我们就亏本了。虽然 1000 不是个小数目，但还有一点您可能不清楚，那就是您所说的那个手机，表面上看起来和我们的这款手机差不多，但是它们并非属于同一档次。我们这款手机专门给像您这样有品位的人士设计的，它的定位是高端市场。"

客户："嗯，你说得也有道理哦！这样吧！那给我便宜 200 吧！如果行，我就买；如果不行，就算了！"

销售员："这，您这不是为难我嘛！好吧，成交！"

销售员面对客户对手机高价位的顾虑，主动让客户出价，听到客户出的价太低之后，销售员首先拒绝了客户的要求，然后运用对比法，促使客户觉得物有所值，虽然最后砍价了，但浮动程度较小，在可接受的范围以内。

为了全面了解客户的喜好程度，从而促成交易，销售员应该注意以下几点：

✦ 对客户的客观情况进行全面的了解。销售员在与客户沟通的过程中，要认真分析，了解客户真实的购买能力，了解客户喜好的程度有多大，客户是为了这件产品茶不思饭不想呢，还是只是过来看看而已？最终根据客户的喜好来分配服务的时间和精力。

✦ 听话要听音，内心真需求才最关键。在与客户沟通时，销售员要开启全方位模式，收集一切可能的资料，然后进行分析总结，了解客户的真正需求。

✦ 挖痛点，解决痛点问题。要知道客户最怕的是什么？最头痛的问题是什么？购买产品需要解决哪些问题？等等。当了解了这些之后，将自己产品中能够解决客户问题的优势之处向客户全面地展示出来，让客户感觉到销售员推荐的产品能够帮助解决自己的"痛点"。

✦ 喜欢程度决定最终选择。如果客户喜欢该产品的程度高于普通人，那么就可以适当提高价格进行销售，因为这样的客户一旦遇到自己喜欢的产品，钱不是问题。如果客户喜欢的程度不是很高，让这样的客户主动加价的可能性很低，能够降价就降价销售吧。但是任何事物都在发生变化，销售员应该用发展的眼光看待每个客户，昨天不喜欢该产品的客户并不意味着今天就不喜欢。

总之，针对不同的客户应该以不同的方式去对待，最关键的一点是看客户喜不喜欢该产品，喜欢就还有戏，如果不喜欢，销售员的推荐就犹如对牛弹琴。另外，根据客户喜欢的程度也可以进行价位的上下浮动。在这个过程中想办法掌握主动权，只有这样才能争取更多的权益。

销售警语

♣ 掌握客户的喜好。要想高效成交，必须掌握客户的喜好。只有这样才能投其所好，才能提高成交的概率。如果不了解客户的喜好，盲目推荐，相当于对牛弹琴，不仅累坏了销售员，而且还累坏了帮忙统计各种数据、展示各种商品的工作人员，不同频的交流只能让双方更累。

♣ 交易价格应该有浮动。交易价格应该根据客户的喜好进行上下浮动。针对那些不太认可的客户，可以适当降价与客户成交；对于那些喜欢的客户直接成交是最有效的方法。

CHAPTER 8.

第八章：
当客户找理由拒绝，该怎么挽回自己的
单子

客户一见面就开始抱怨，你还能有耐心吗？他拒绝了你的提议，你要如何做呢？大部分销售员在客户拒绝后，都会退缩或者沉默，但这真的代表客户不喜欢吗？该如何分辨呢？

● 马云：有抱怨的地方就有生意

有这样一种顾客：他（她）不买你的产品，反而对你的产品百般挑刺，甚至抱怨你的产品不是这里有问题，就是那里有问题。遇到这样的顾客，一些有销售经验的销售员心中窃喜，在他看来这样的顾客必定是自己的菜。没有销售经验的人员遇到这样的顾客心里直叫苦，恨不得直接让这样的顾客快点滚蛋。

马云曾经说过：有抱怨的地方就有生意。

作为互联网大佬的马云为什么会这样说呢？其实，我们销售员要明白，那些嫌弃我们产品，为我们产品挑刺，抱怨我们产品不好的顾客才是我们真正的客户，才是对我们的产品有购买意向的人。客户嫌弃我们的产品，不正是说明了他们对我们的产品感兴趣吗？顾客有了兴趣才会认真地思考，对产品提出很多异议。如果顾客对我们的产品丝毫不感兴趣，没有人愿意将时间浪费在无用的挑刺上。

既然感兴趣那为什么还要抱怨呢？这是一种谈判策略，是一种压低价格的手段。当客户反复抱怨产品这里不好那里不好的时候，向销售员透露的意思就是：你的产品很次，不值那么多钱，如果再便宜点，让我觉得你的产品物有所值我就买了。如果能够听懂客户抱怨背后的意思的话，就能够与顾客进一步周旋，将自己产品的价值与亮点进一步放大，客户即使砍价也不会砍掉多少。而一些销售新手遇到这样的客户时，很少能够听懂顾客抱怨背后的意思，会真的认为客户不喜欢自己的产品，从而不会进一步与顾客沟通，或者沉默以对，甚至还会说：那你去别家看看吧！这样无疑放走了一个真正的客户。

很多客户的抱怨就是无中生有，只为最终的砍价做铺垫。

比如有位顾客走进一家衣服店，一眼就看中了自己喜欢的一件衣服。

于是她问销售员：这件衣服多少钱？

销售员：这件衣服要 900 元。

顾客：这款式太老了，不值这么多。

销售员：那您觉得值多少呢？

顾客：我觉得最多 400 元。

销售员：我们进货都要 800 呢。

顾客：这颜色我也不是很喜欢，而且今年也不流行这个颜色。

销售员：这款今年销量很不错……

顾客：这个面料太硬，穿在身上很不舒服，还可能扎皮肤……

销售员：……

顾客：我穿上之后，显得腰很肥大……

销售员：……

顾客：哎呀，这里还开线了……

销售员：……

顾客：我觉得这衣服最多值 400 元。

……

遇到这种客户一定要对自己的产品有自信，而且应该理解客户一连串的抱怨，就是为最终的砍价做铺垫。此时，要保持对客户的热情，如果此刻对客户的态度变得很冷淡，或者沉默以对，不想浪费口舌去解释什么，那就会让成功的机会随之溜走。

因此，遇到挑三拣四的客户，销售员不要轻易否定他们的购买欲望，恰恰相反，我们要理解客户嫌货的心理，对客户的抱怨应有欢迎的心态，对自己的产品抱有绝对的信心，跟客户诚恳地讲解产品的优势，不怕人嫌，不怕比较，在客户的抱怨中寻找销售的契机，进而完成交易。

那么，如何通过客户的抱怨判断出真正的客户与非意向客户呢？

✦ 反问式。销售员通过向客户反问的形式，让客户自己给出解决问题的办法。比如，顾客说："我觉得你们的产品售后服务不是太好。"销售员可以反问："您觉得怎么样的售后才是您所能够满意的呢？"如果客户给出的答案销售员觉得有道理，而且的确是自己薄弱环节或者做得不好的地方，证明这个客户是意向客户的可能性很大。如果给不出合理答案，那就是非意向客户。

✦ 假设式。假如客户提出的问题解决了，客户是否还愿意成交。比如，客户说："这个衣服的颜色并不适合我。"当销售员找到了客户喜欢的颜色，而客户还不愿意成交，那他就是非意向客户了。

✦ 转化式。就是将客户所抱怨的问题转换成为自己产品的卖点。比如，有怨牛仔裤的质量太差，容易破洞。销售员可以说："我们在大街上经常看到您这个年龄段的年轻女性都喜欢穿破洞的裤子，不仅夏天通风凉快，而且也成为时尚时髦的标志。"如果在这种情况下，顾客还愿意购买，自然证明是意向客户了。

✦ 引导式。面对客户的抱怨，销售员通过引导的方式搞清楚客户真正抱怨的原因。比如，怨产品质量不好。销售员可以问："一分钱一分货，我这里还有一款质量好的产品，但价格比这个高，您愿意要吗？"如果客户愿意购买，可能他真的觉得产品质量有问题，否则客户就是觉得产品价格过高，与他想要的物有所值还是有所距离。

销售警语

♣ 客户抱怨你的产品，未必真正是你的产品有问题，而是客户想通过抱怨来压低价格，最终通过最低价位得到物美价廉的产品。

♣ 客户抱怨要认真地去听，要懂得反思，看自己的产品是否有如客户所抱怨的问题，有则改之，无则加勉，争取以优质的产品、完善的售后服务让客户无从抱怨。

● 巧妙化解拒绝，柳暗花明又一单

成功的销售员是在不断拒绝中成长起来的，没有客户的拒绝就不可能有优秀的销售员。可见，拒绝对销售员来说是家常便饭，客户的性别不同，年龄不同，接受教育的程度不同，导致他们拒绝销售的理由也千奇百怪。但是，客户的拒绝并非是客户刁钻，没事找事，很多时候客户的拒绝不是销售员所能够改变的。面对客户的拒绝到底该怎么办呢？是一蹶不振？还是鼓起勇气与客户沟通解决问题呢？

有一位成功的销售员曾经说过，在漫长的商业生涯中，他所取得的每一次成功都是努力打拼的结果。他认为通过拼搏达到的成功，能给他带来无穷的快乐，因为难事可以检验他的力量和能力。

许多脸皮薄、抗压能力小的销售员当面对客户的拒绝时，会立马否定自己的职业，否定自己，并且没有勇气继续与客户交流下去。需要记住的是，客户拒绝你，不代表否认你的销售能力，一定要告诉自己，这是对你销售能力的考验，如果你能够坚守阵地，不露惧色，勇敢面对摆在自己面前的困难，那你就会越战越勇，越来越优秀。人生就像心电图，一帆风顺就说明你已经挂了。

客户拒绝销售的理由千奇百怪，辨别真假客户也是很有难度的。哪些人的拒绝是真正的决绝，哪些人的拒绝只是借口呢？真正的拒绝就是真实存在，几乎无法跨越过去的困难，客户不需要该产品，也没有经济能力购买。找借口拒绝的这些客户就是本身对产品很认可，也很喜欢，也是需要的，可是口头上却是拒绝的。

比如，以下这些就是真正的拒绝：

✦ 我没有钱购买。没有购买的经济能力自然不会购买。

✦ 我还得回家与妻子商量一下，她同意了我肯定买。这种客户不能做主，要想购买除非妻子同意，那么该产品是否对他妻子来说物有所值才是最关键的。

✦ 我不想将钱花在购买这件产品上。这样的客户虽然有钱，但相对购买某类产品，他觉得自己的钱用来购买别的东西更有价值。

✦ 这产品对我没有用，我也不需要。向这种客户推荐产品，要想不被拒绝是不可能的，最好的方法就是不要强行推荐，转变思路，向他推荐他最感兴趣的产品。

✦ 别的东西都比你这里便宜。针对爱货比三家的客户，除非你产品的优势明显，而且价格高低销售员完全可以控制，否则他宁愿跑十里地买便宜的，也不愿意就近买贵一点，质量好一些的。

✦ 我一兄弟也在销售与你同款的产品。这种客户宁愿在熟人跟前上当，也不会在陌生人跟前买真正的好货。

✦ 我经常在 A 商厦购买。这种客户由于经常购买已经形成一种默契，不会轻易改变交易的伙伴，那就没有必要浪费口舌了。

以下的拒绝纯属找借口，不诚心购买。

✦ 我最近心情不好，不要烦我。尤其当销售员在电话中与客户沟通的时候，客户会以这种方式拒绝。那么销售员就不要在此刻死缠硬磨推荐自己的产品了，不妨以朋友的身份邀请客户出来喝茶，缓解心情。当客户的心情好转了，再推荐自己的产品。

✦ 我现在还没有购买你产品的意愿。针对这种客户千万不要放弃，真正的客户是需要培养的，销售员需要在这些客户身上下点功夫了，将他们培养成自己的客户，这样他也许会跟随你一辈子。

✦ 我让你再赠送我一个杯子，你却拒绝了。这样的客户其实有点贪小便宜的心理，只要满足了他们的需求，他们就可以与你成交。

✦ 太贵了，我打算花 1000 元搞定，没有想到你的产品却要价 5000 元。这种客户拒绝的理由就是价格不合理，只要价格合理一切都好说。

作为销售员不仅要分清哪些人是自己的真正客户，哪些是找借口的潜在客户，这样有利于节省自己的时间和精力，更应该在面对客户拒绝的时候，找到巧妙化解拒绝的方法技巧，为自己再次赢得订单。

销售警语

♣ 要有敢于接受拒绝的勇气。当面对拒绝的时候，如果从此一蹶不振，那么你永远是一个失败者。你要做的，就是将其当作一种考验，一种磨砺，而且能够将拒绝化为前行的力量，这样的人才能够成为真正的成功者。

不要让拒绝成为真正的拒绝。拒绝是销售的开始，面对拒绝不要着急从客户处找原因，而是从自身找原因：自己哪里说得不对？产品优势介绍不详细？对客户的语气太生硬？没有找到真正的需求点？找到这些原因也许你真的能成为最优秀的销售员。

● 向客户交底，让其无法再次拒绝

当销售员向客户推荐产品的时候，客户总是犹犹豫豫拿不定，或者总是用怀疑的眼神打量着销售员。这是因为在客户看来，销售员手中的产品在出厂的时候肯定极为便宜，到了销售员手中价格肯定翻了好几倍，销售员肯定赚了不少。因此，无论客户采取什么手段，其目的都是相同的，就是想以出厂价拿到该产品。如果销售员在与客户的沟通过程中能够将自己的利润空间向客户做一个交代，让客户知道自己赚了多少，销售员赚了多少，这也是促成交易的一种方式。

销售员采取交底的销售技巧，让客户感觉到平等分享交易成果的好处，从而让其心甘情愿地购买。

比如，有销售员在电话中与客户进行以下对话：

销售员："张总，您好！我是李胜，就是城外城地板专区的。您现在想起我了吗？您到我们这里来过好几次的，还是您主动留下您的电话，让我与您沟通的。"

客户："小李啊！我记起来了，有什么事情你说吧！"

销售员："是这样的，通过前几次与您的接触，我感觉您是一个靠谱的实在人，现在我想请您帮一个忙……"

客户："什么忙？"

销售员："看您如此爽快，那我就直接说吧！虽然我们的地板属于品牌，但是由于自己太实在，口才也不是很好，上个月竟然只卖出去了 30 多平，挣点钱还不够交房租。我的老板虽然没有责怪我，可是我自己也觉得很内疚，没有帮老板挣到钱，唉！"

客户："现在生意都很难做啊！就像你这样的品牌地板没有几家装修能够用得起啊！"

销售员："我觉得您就有这个实力，而且您不是正好装修房子吗？所以，我才冒昧地打电话给您，现在只有您能够帮我了，如果这个月再没有业绩，估计老板就会将我炒掉的。"

客户："现在有好几家业务员给我推荐了他们的地板，我还没有想好具体选哪家地板。"

销售员："您别着急，我知道您在犹豫什么，您一定是觉得贵是吧！一分钱一分货的道理您也明白。不过我已经想好了，与其在这里饿死，不如和您交个朋友。我卖地板中间和老板有一个提成。现在这个提成我不要了，您就当帮我一个忙，我就当交您一个朋友，您在我这里购买了，我卖出点地板心里也踏实一些，您看行吧？"

客户："可是你们的地板还是挺贵的，你说呢？"

销售员："张总，您如果还想砍价的话也可以，那我只能将我个人这个月的房租和生活费都赔进去了。您就当帮我个忙，让我完成这个月的任务，下个月也许我就不在这里了……换个新的同事，您不了解的同事为您服务，未必有如此的优惠价位了！"

客户："这么回事啊？"

销售员："换位思考一下，我一连两个月完不成任务，老板还愿意将我继续留在这里吗？即使老板愿意，我也没有脸留在这里了……"

客户："好吧！那我下午去你们的店里吧！"

销售员："您是刷卡？还是现金？"

客户："刷卡。"

销售员："好的，下午不见不散。"

上面的案例就是销售员向客户采取了一招"交底"的策略，这一招的妙处就是让客户知道销售员赚取了多少，自己赚取了多少。权衡利弊，最终客户觉得购买这家产品是最合算的，又怎么可能对销售员说不呢？所以，一些聪明的销售员总会在客户面前交底，然后叫苦，即使客户想拒绝也不好意思。想想客户怎么会拒绝一个一分钱没有挣到还跑前跑后帮自己忙的人呢？

可见，作为销售员，当面对以优柔寡断的方式砍价的客户时，一定要学会"交底"，最终让客户落个骑虎难下，剩下的一切都水到渠成了。

销售警语

♣ 当面对总觉得销售员占大便宜的客户，不妨大胆采取"交底"的方式与客户沟通，不要担心"交底"了自己就没有丝毫利润了，"交底"绝对不是无利可图，只是赚取得稍微少了一些，仅此而已！

♣ 记住，"交底"一定是建立在自己能够把控自己产品的价位，而且熟知同类产品价位的基础上，千万不要"交底"了，自己却亏本了，更不要"交底"了，自己的产品还比其他同类产品高出很多，这样容易给客户造成"上当"的感觉。

● 用幽默话术化解客户的拒绝

星云大师曾经说过，说话的最高境界就是：给人信心，给人欢喜，给人希望，给人方便。

作为销售员每天与客户打交道，其他的未必有能力给到，但给客户欢喜还是完全可以做到的。幽默就是给人欢喜的一种方式。销售员要想在竞争激烈的市场上混得游刃有余，学会必要的幽默是必不可少的，谁都愿意与幽默有趣的人成为朋友，朋友多了还愁销售不出去产品吗？但是作为销售员，不能为了讨好客户，为了幽默而幽默，而是要顺其自然，水到渠成地去幽默，所说的故事或者笑话能够有的放矢，最终达到引起客户关注到自己产品的目的。当然这个故事既要幽默，又不能广告性太强，否则适得其反。

有位平时很幽默的销售员，来到了一家报社，问道："你这里需要一个有才干的编辑吗？"

"不需要！"

"那么，需要记者吗？"

"也不需要。"

"那么，你印刷厂还需要人吗？"

"不需要，我们这里需要招人的部门，都已经招满人了。"

"太好了，那么你肯定需要这个东西。"说着这位销售员从包里掏出一块精致的牌子，上面写着：额满，暂不招人。

如此轻而易举、轻松愉快地促成销售实在是妙。

销售过程中，我们经常面对的都是第一次见面的客户，彼此双方都有戒备心理，虽然销售员会用一切手段与客户套近乎，希望能够拉近与客户的距离，但是对客户来说，销售员就是陌生人，怎么可能随便说出自己的心里话呢？因此，销售员应该清楚客户戒备的、疏远的心理状态，甚至客户直接拒绝都是正常的。

销售员想要达成与陌生客户的成交，首先要善于推销自己，让客户解除戒备心理，进而认可自己，接受自己，最终达到成交。那么到底如何快速做到这一点呢？幽默就是破解这一难题的法宝。在销售的过程中，如果遇到客户的拒绝，彼此都陷入了僵局，一旦没有一方打破这种僵局，就必然导致成交的失败。如果此刻销售员能够恰如其分地使用幽默的语言，不仅化敌为友，还能够快速地化解僵局，拉近彼此的距离，进而为最终的成交打下坚实的基础。

日本销售大师原一平的经历给我们很多的启示。

这天原一平去拜访一位准客户，他敲开了客户的家门："你好，我是明治保险公司的原一平。"

这位客户敷衍道："哦！"

原一平将自己的名片递给客户，对方看了一下名片，然后抬头看着原一平，慢条斯理地说："前几天我这里也来过几家不同保险公司的推销人员，他们还没有将话说完就被我赶走了。你还是走吧！我是不会投保的，无论你说得多好，你还是赶紧走吧！别将时间浪费在我的身上了。"

原一平听完客户的这番话并没有退却，而是说："谢谢，我觉得无论您是否投保都不重要的，重要的是您先听我介绍完毕，如果您对我的介绍不满意，我当场切腹。但唯一的请求就是您给我几分钟时间，好吗？"

客户看到原一平一身凛然正气，忍不住哈哈大笑起来："你真的会切腹吗？"

"不错，就这样一刀刺下去。"原一平还比画了一个切腹的动作。

客户说："你等着瞧，我非要你切腹不可。"

原一平道："我也害怕切腹，看来我非要用心介绍不可啦！哈哈！"

说到这里，原一平的表情突然由"正经"变为"鬼脸"，于是，客户和原一平都大笑起来。当两个人同时开怀大笑的时候，陌生感顿时消失了，成交的机会也就来了。

在这种环节之下，原一平用自己"切腹"的夸张手法，制造了一个戏剧化的场面，打破了客户的拒绝，不能不说是幽默所起的作用。可见，销售员爽朗性格和幽默的谈吐是转化客户拒绝的良方，如果运用恰当，会起到事半功倍的效果。

幽默的确是打破人与人之间隔阂的利器，但是在幽默的时候一定要注意方法和技巧。

◆ 幽默应该因人而异。要想让幽默达到良好的效果，就要针对不同的人采取不同的笑点。幽默针对熟悉的客户最好使用；对于不是很熟悉的客户，幽默的时候要注意分寸，免得惹客户嫌弃。

✦ 幽默与微笑表情同时存在。销售员在与客户开玩笑的时候面带微笑。如果一本正经地开玩笑，而且这个玩笑并不搞笑，双方都会陷入尴尬的境地，甚至客户会觉得销售员在讽刺自己，所以微笑是正在开玩笑的有力证据。

✦ 幽默但不能脱离主题。销售员开玩笑的目的就是拉近与客户的距离最终达成成交。但是，如果销售员的玩笑开得过火，甚至偏离了交易的主题，那么你这个玩笑就是白开了，对成交没有任何作用，适得其反。

✦ 幽默一定要把握时机。销售员和客户开玩笑的时候一定要把握时机，也就是根据交流沟通的时间段及交流的话题，有针对性地恰如其分地开一个玩笑，这样不仅利于促进交流合作，也给对方留下你是一个幽默风趣的人的印象。

销售警语

❖ 做一个幽默有趣的人，做一个会说话的人，要么不开口说话，一旦开口说话，你的话就一定要给人信心，给人欢喜，给人希望，给人方便。

❖ 幽默本身没有错，但是开玩笑必须要分人、分场合、分时间……与对的人、在对的环境、对的时间里，玩笑才能够给大家带来开心快乐！否则带来的只能是灾难。

CHAPTER 9

第九章：
销售员最应该避免的说话方式

你知道何时开口说话，客户不会觉得反感吗？针对不同的客户，你知道他们的禁忌有哪些吗？正确的说话方式能够让客户对你心生好感，记住这些不能使用的语言吧，它们是你成功路上的绊脚石。

● 销售员忌语必须要清楚

销售员在与客户进行语言沟通的过程中一定要说话谨慎，不要想说什么就说什么，即使已经和客户成为很好的朋友了，该避讳的言语还得避讳，否则很容易出现祸从口出的局面，到时候不仅丢了自己的单子，还有可能丢了自己的工作。因此，作为销售员一定要清楚一些销售忌语，这样才能少闯"口祸"。

✦ 少用太过专业的术语。销售员在向客户介绍产品的时候最好用专业术语，这样显得很专业，才能得到客户的信服。但是，当与客户交流的时候尽量少用专业术语，否则会影响与客户交流的效果。销售员自己明白其中的意思，但客户非专业人士，并非能够记得那么多专业术语。沟通的结果只能是让客户云里雾里，不知道你到底要表达什么意思，最终导致拒绝成交。在沟通的过程中尽量用那些很通俗易懂，比较接地气儿的话语，这样客户一听就明白你的意思，对成交有很好的帮助。

✦ 不要谈及他人隐私话题。在与客户沟通的过程中，有的销售员为了增进与客户的关系，将自己的隐私统统告诉客户，或者是对客户的隐私刨根问底，这对销售员来说都是最大的忌讳。如果客户很为难或者不想回答销售员会觉得不好意思，如果回答客户会觉得这些事情不能告诉你，只能让客户处于两难的境地，更何况有些隐私只能让对方看到自己的肤浅，对成交没有任何的作用。财产、婚姻等问题都是属于隐私问题，销售员尽量别谈及。

✦ 不要谈那些不雅的话题。有时候销售员和客户聊开心了，什么话都敢说出来，甚至脏话连篇。说者无意听者有心。如果客户知道你是这样一个低素质的人，那么他们就会联想到你公司的老板肯定也是如此低素质的人，进而联想到如此低素质的一帮人肯定卖的不是什么好产品。如果客户真的是这样想的，那么你认为成交的希望还有多大呢？因此，无论与客户是多么熟的关系，该开玩笑就开玩笑，但是一定要文明用语。还是那句话：要么不说话，一旦张口说话就得给人力量、给人喜欢、给人希望、给人智慧。

✦ 禁止在客户面前攻击竞争对手。有些销售员为了抬高自己商品的价值，将竞争对手的产品说得一文不值，将自己的产品说得"此物只应天上有，人间能得几回闻"。这样做只能说明我们的销售员职业道德低下，不仅不会获得客户的好感，反而让客户讨厌我们。

✦ 不要直言不讳地批评客户。有一些销售员在客户面前太过"直爽"，有什么说什么，从来不经过大脑的思考，即使有时候是好意，但却深深地伤害到了客户。比如："你的衣服颜色老土啦！""你这张名片设计太难看了！""我们的产品只匹配高大上的人，与你太不匹配了！"在销售员看来类似这样的话并非有恶意，但客户听了却很反感。在这个世界上每个人都喜欢得到别人的认同和赞美。赞美是对一个人的能力的肯定。如果客户得不到赞美，得到的只有讽刺和挖苦，客户肯定不愿意与这样的销售员继续聊下去。因此，应该多赞美客户，而且是发自内心的赞美，客户高兴了单子也就签了。

✦ 不要谈论一些敏感的话题。销售是否完成，衡量的标准就是是否发生交易。交易的顺利完成需要花费很多的口舌进行交流，还得寻找大家感兴趣的话题，但是必须注意，销售员在与客户沟通的过程中尽量少谈或者不谈一些敏感的话题。比如，政治、宗教都属于敏感话题。在与客户沟通的过程中，不要因为话题敏感与客户发生争执，任何时候以自己的销售为目的，而不应该迷失自己的方向。

✦ 不要对客户的思维进行质疑。在销售的过程中，销售员唯恐客户没有能够理解自己的意思，于是，每当销售员说完一句话就问客户："你能够理解我的意思吗？""你知道我为什么要这样说吗？""你知道我所表达的意思了吗？"如果偶尔问一下也是可以的，但是如果反复询问客户，客户会觉得是销售员在怀疑自己的智商，引起客户反感。

总之，销售员在与客户沟通的过程中，说话一定要谨慎，即使再亲密的关系有些不能开的玩笑不能开，不该说的话不能说，有时我们说者无意听者有心，一句话可能毁掉自己的一笔业务，甚至毁掉自己的人生。祸从口出，切记慎言。

销售警语

♣ 慎言绝对不是闭嘴。在与客户沟通的过程中说话一定要谨慎，但是千万不要理解成闭嘴什么也不说。其实，并非如此，当面对客户的询问，面对需要给客户交代清楚的问题，一定要多说一些，不仅是对客户负责，同时也是自己的责任所在。

♣ 产品相关的问题说得越多客户越喜欢。当面对实践操作需要注意的问题，这些东西是说明书中未必能够看得到的，作为销售员应该多告诉客户一些，让客户在操作的过程中免得走弯路，或者少走弯路。

● 不要总在客户面前说消极的话

在与客户沟通的时候，一定要让你的客户感觉你是一位充满了正能量的、积极向上、乐观面对一切困难的人，也就是说一张口说话你就要给人力量、给人喜欢、给人希望、给人智慧。如果销售员总在客户的面前说一些消极的，负能量的话语，比如"人生快走完了""这样活着不如死了""人活着有什么意思啊？"类似这样的话，正能量可以传递，同样负能量也可以传递。当你的客户接受了你的负能量，本来快乐幸福的生活，也会变得绝望，对生活失去了信心，还有可能购买你的产品吗？甚至有些很有主见的客户，当听到销售员的话，扭头就走，因为每个人都希望身边拥有更多充满正能量的人，而不希望是负能量的人。

作为靠嘴吃饭的职业，你的嘴巴就是一把利器，既然是利器就要很好地利用起来，让它成为正义的利器，而不要成为邪恶的工具。

卡特罗遇到了一个大客户，而且志在必得。他在第一次见面的时候已经给客户报价了，为了给客户留下砍价的空间，卡特罗的报价较高，当时客户并没有说什么，只是说考虑一下。后来，卡特罗与客户电话沟通过几次，卡特罗不知道自己在客户心目中的印象，但是客户给卡特罗留下了深刻的印象，此人做事老练、为人厚道。

后来，卡特罗为了敲定这笔业务，决定邀请客户一起吃一顿饭，客户答应了。可是当走进饭店，点了餐之后，卡特罗随口问了一句服务员："你这里可以微信支付吗？"服务员说不能，卡特罗又问："可以刷卡吗？"服务员说只收现金。随后，卡特罗起身出去到饭店外面寻找 ATM 柜员机取钱，结果一连找了好几个地方都没有找到，后来终于取到了钱。

当卡特罗取到钱返回饭店的时候，所有饭菜都已经上齐了。客户坐在一边等着卡特罗，看到卡特罗急匆匆进来，客户开玩笑道："哈哈！我还以为你离开不回来了呢？"

卡特罗知道客户有点不高兴，便赶紧道歉："不好意思，不好意思！"

那晚，卡特罗为了让客户喝好，不停地敬酒，其实客户是老江湖了，酒量很好，倒是卡特罗年轻又酒量差，不一会儿就喝高了。卡特罗喝多了话就多了起来。他先是抱怨自己的工作环境不好，员工之间钩心斗角，又抱怨老板抠门总是克扣自己的提成，后来又说自己的产品成本是那么的低，却要卖那么高的价老板太黑了，自己不想跟这种人混了。

客户听到卡特罗的抱怨便劝他少喝点，不要那么消极，不要这样悲观，员工有员工的不容易，老板有老板的不容易，要互相理解，作为员工首先要将老板分给自己的工作干好，抱怨不会起任何的作用。

但是卡特罗并没有将这些听进去，继续抱怨。客户便引导卡特罗："要不咱谈谈，看后面怎么合作？"

结果，卡特罗举起酒杯说："今晚只喝酒不谈工作！"

于是，客户再没有提到工作方面的事情，只是和卡特罗瞎侃。卡特罗喝得越来越多了，鼻涕一把泪一把，说自己这些年是多么的不容易，房价是多么的高，如果自己当了国家领导如何整治高房价，又说年纪大了还没有找到女朋友，后来又抱怨女人太物质……

那晚卡特罗喝断片儿了，当第二天醒来的时候发现自己在酒店的房间里。他恍惚之中记得昨晚与客户喝酒的事情，为了感谢客户没有将自己扔在马路上，卡特罗打电话感谢了一下客户。不过，后来卡特罗再次约客户的时候都被拒绝了，当谈到后面合作的事宜时，都被客户找各种理由打断了。

后来，没有多久卡特罗又换了好几个单位，再也没有与自己的这位客户联系。

多年之后，一次偶然的机会卡特罗又遇到了这位客户，他已经是上市公司的老板了。卡特罗半开玩笑问道："您当年为什么最后放弃了我们的合作呢？"

客户直言不讳道："你是年轻人，任何时候都不应该消极，而是应该充满激情，充满正能量，这样才有辉煌的未来！"

卡特罗终于明白了，可惜有点晚……

后来，卡特罗对自己这些年的失败进行了总结，他觉得自己不应该在客户面前有悲观的情绪，更不应该怨天尤人。

那么，作为销售员，如何在客户面前控制情绪，不说一些消极的事情呢？

◆ 对自己的酒量有多大应该清楚。作为销售员喝酒是难免的，但是对自己的酒量应该清楚，不要将自己灌醉，酒后你的行为举止是自己所不能控制的。只能将自己的丑态暴露无遗，只能让客户看你的笑话。也有很多不会喝酒的销售员，他们照样谈业务签单子，多向他们学习学习。

✦ 不要在客户面前诋毁他人。不要诋毁竞争对手，更不能将自己与同事之间，与老板之间的恩恩怨怨诉说给客户。俗话说家丑不可外扬。如果这样无尺度地诋毁身边的一切，客户只能认为你不是一个好员工，甚至觉得这个公司不是一个靠谱的公司，那么可能合作吗？不。

✦ 不应该向任何人诉苦。诉苦一定要选好对象，有些朋友是多年认识的好朋友，没有任何的利益关系，诉诉苦是可以的。有些人不是朋友，甚至仅仅一面之缘就对其诉苦，只能让别人看笑话，只能让他人抓住你的弱点，成为日后的"把柄"。

✦ 不要有任何消极的情绪。如果一个人总是觉得明天就可能是世界末日，那他还有活的劲儿吗？一个只看到黑暗面，看不到阳光的人是不会幸福的。消极就像人精神的蛀虫，一点点侵蚀掉你的灵魂，让你的人生瞬间倒塌。

所以，作为销售员无论心中有多苦，在客户面前都需要永远保持微笑，充满正能量，充满希望，只有这样客户才能在你这里获得正能量，才能获得希望，才能与你合作。没有任何人会拒绝一个充满正能量的人。

销售警语

♣ 心中有希望，生活才能有阳光。无论是在工作中还是在生活中，都不能因为遇到点滴的挫折而否定活着的希望，没有希望就会让你的灵魂充满雾霾，让自己的心智迷失方向，永远不会抵达成功的彼岸。

♣ 争取成为一个传递正能量的使者。快乐会传播，幸福会传播，微笑也会传播。美好的生活不能缺少快乐、幸福、微笑。拥有大爱传递正能量，才能让自己、让别人都快乐幸福起来。

● 听客户说话的时候不要显得不耐烦

每个人都有倾诉的欲望。可是现在的社会大家似乎都很忙，不是忙着工作，就是忙着发财，很少有人能够停下脚步听别人倾诉。偶尔的聚会也成了某种利益的平台，即使有人愿意倾听，可是又有几个人能够耐着性子听完呢？很多人觉得与其听别人说，还不如自己给别人说。你不给别人诉说的机会，别人会给你诉说的机会吗？

那么，作为销售员，当面对客户诉说的时候该怎么办呢？明确拒绝呢，还是继续听呢？其实，客户的诉说对销售员来说是一件好事情，诉说说明客户很信任你，通过这种方式可以拉近彼此之间的距离。但是很多时候，销售员想的是自己的业绩，没有更多的时间和精力去听客户的诉说。即使听客户诉说起初可能还有点兴趣，但是随着客户聊得越来越多，销售员就没有耐心了，表现出了不耐烦，这样的销售员很难签到更大的单子，或者是这样的销售员只能签现在的单子不能签未来的单子。很多大单子都是放长线钓大鱼。要想签大单子签未来的单子，必须要有耐心听客户诉说，这样客户才能将你当作自己的人，才愿意成为朋友，未来才愿意与你这样的人在一起，业务是连接客户与销售员的纽带。

有一对夫妇走进一家汽车 4S 店，妻子想为自己选购一辆汽车。销售员立马上前接待。这对夫妇转了半天终于挑选了一辆满意的小汽车，妻子有些爱不释手的感觉。

妻子："这辆多少钱？"

销售员："28万。"

丈夫："28万，太贵了！我们还是重新挑选一款便宜的吧！"

妻子立马翻脸："给我买辆车28万你就觉得贵了，你给你那小狐狸精买房子、送车子的时候怎么不觉得贵呢？"

丈夫脸上挂不住了，半开玩笑道："当着外人的面，咱不说这些好不好？让别人看笑话了。再说那都是过去的事儿了，还提那干什么？"

妻子不依不饶："你还要面子？你还有面子吗？这件事情对你来说是过去了，但对我来说永远过不去。"

丈夫："好好好，我说不过你，咱买，咱买还不成吗？"

妻子："你让我买，我就得买啊？今天我还就不买了，你能咋地？"

丈夫知道如果自己继续站这里，妻子就会无休止与自己闹下去，于是，丈夫到门外去抽烟了。

看着丈夫离开了，这位女士眼泪哗啦下来了，抓住销售员的手说："男人啊！没有一个能够靠得住的，你找老公的时候一定要擦亮眼睛。"

接着这位女士就开始诉苦，从自己与老公如何相识，如何恋爱说起，老公是如何亏待她的，销售员越来越没有耐心听了。其实销售员自己内心更苦，来这里上三个月班了，老板一分钱工资都没有发，自己要交房租，还需要生活，钱从哪里来啊？她自己都吃了一周的方便面了，这些苦对谁说啊？在销售员看来这位女士就是身在福中不知福啊！

正当销售员打算以上厕所为理由离开的时候，她看到了办公室墙上的标语："热情、周到、微笑、坚持、耐心"，销售员便坐下来继续听这位女士诉说。

女士一把鼻涕一把泪的，说自己与老公相识的时候，他的家里是多么的穷，父母亲是如何的反对，但她自己毅然决然地嫁给了自己的老公，后来，两个人一起创业，公司逐渐强大了，自己的老公却与自己的距离越来越远了，后来才知道他外面有别的女人了……

销售员不知道怎么安慰，只好耐心地听，一直递纸巾，直到这位女士将心中的不快发泄完毕，情绪逐渐平静下来。女士情绪稳定后，从包里掏出一张卡，说："小姑娘，感谢你能够耐心听我说完，我从来没有对外人说过这些话，也从来没有这样痛苦倾诉过。你如此有耐心，我很欣赏，这车我买了。你在这里工作还顺心吗？愿意不愿意跟着我，去我们公司干啊！是这里工资的三倍，怎么样？"

销售员别提有多开心了，没有想到耐心听完客户的诉说不仅做成了一单生意，而且还得到了一份好工作，实属意外。

在销售的过程中无论遇到什么样的客户，都应该学会倾听，这不仅是对客户的尊重，也是对自己职业的负责，更是对自己耐力的考验。

当销售员遇到倾诉欲望比较强烈的客户的时候，不能简单一走了之，而是要耐心去服务，付出了总会有回报。上帝不会忘记每一个付出的人，只是有的以其他的方式回报你，而你没有感觉到罢了。

销售警语

♣ 不要将自己的不耐心表现在脸上。有的销售员在遇到爱倾诉的客户的时候，会突然脸色一变摆出一副冷冰的拒人千里之外的表情。这样只能让客户远离你，只能让订单远离你，客户对你倾诉那是因为他将你当作最信任的人。即使你心中不喜欢，也要微笑，耐心听客户说完。这是一个销售员最基本的素质。

♣ 耐心需要逐渐锻炼。当销售员没有耐心听客户诉说的时候，不妨默默告诉自己再坚持听五分钟，五分钟之后告诉自己再坚持听十分钟，十分钟之后再告诉自己坚持听二十分钟……结果将客户想诉说的都听完了。经过反复锻炼，以后所有客户的诉说都可以耐心听完了。记得一定要微笑倾听，并且要配合，比如点头，"嗯，呀"等词也得用上，证明你在认真听。

● 不要总是拽着客户的"短处"不放

俗话说："瘸子面前不说短，胖子面前不提肥。"也就是说在说话的时候，要注意给对方留面子，不要揪着他的短处不放，这样不仅会让对方伤心，更会让对方的生活变得暗淡无光，甚至对揭短的人失去好感。

作为销售员每天遇到很多客户，每个客户都有自己的优缺点，但销售员不能拿着客户的缺点或者短处到处张扬，这样客户也会翻脸。

张丽丽是一家电脑销售公司的员工，这天她约了一个公司的老板到公司谈合作的事情，这个老板打算一次性购买100台电脑，这对张丽丽来说是一笔不小的业务，于是，她精心准备了一番。

在洽谈室经过两小时的谈判一切都敲定了，接下来就是签订服务合同，客户预付60%的货款，余下的款项在电脑送到客户手中三天内结清。

客户与张丽丽将电子版合同检查了一遍，没有问题后，张丽丽打算到办公室将合同打印出来签字盖章。

张丽丽在起身打印合同的瞬间，转身将客户面前的水杯拿走："您稍等，我再给您倒杯水！"

客户连声说："太客气啦！谢谢，谢谢！"

客户也走出洽谈室抽烟，却听到了张丽丽与自己同事刘菲的对话："刘菲，帮我给我的客户倒杯水，我去打印一份合同。"

同事刘菲问："哪个客户？"

张丽丽："哎呀，就是洽谈室那个既胖又黑的秃子啊！长得可像鲁智深啦！不相信你去看看！"

一会儿刘菲走进了洽谈室，她一手端着杯子，另外一只手捂着嘴巴，好像忍不住要笑出来。

客户并没有喝水，而是站起来，整理自己的包，打算离开。此刻，张丽丽也拿着合同进来了："合同已经打印好了，只需要您在这里签字就可以了！"

客户不紧不慢地说："张丽丽，我觉得咱们的合作有些仓促，等我回去思考一下！"

张丽丽着急了："怎么回事啊！怎么回事啊？"

客户有些生气地扔下一句话走了："你自己去慢慢想吧！"

张丽丽茫然地站在楼道有些不知所措。

其实，张丽丽在走廊与同事刘菲的对话全被客户听到了，这让客户很气愤。有些人天生就有这样那样的"缺陷"，这并非是自己乐意的，这是父母亲赐予自己的，自己只能坦然接受了。但是，有人将这些"缺陷"作为一种取乐的手段是谁都难以接受的。在客户眼中就是嘲讽，是对自己极大的不尊重，是对自己人格的践踏，又有谁愿意与这样的销售员合作呢？

俗话说："人活一张脸，树活一张皮。"每个人都有自己的尊严，如果自己的尊严遭到践踏都会引起极大的不快。所以，作为销售员，在与客户沟通的过程中，千万不要揭客户的短，尤其周围有很多人在场的时候，否则这笔业务肯定黄掉了。

艾伦是一家汽车销售公司的员工，这天来了一位四五十岁的大叔，他在展销厅转悠了大半天，最后在一辆汽车前面停了下来，前后左右都看了一个遍，最后鼓起勇气问艾伦："这个部件，是油门还是离合器？"

根据艾伦的判断，这是一位新手。通过艾伦的详细沟通才知道，这位大叔的儿子马上要结婚了，他想给儿子买一辆车，打算给儿子一个惊喜。于是来这里挑选了一款儿子最喜欢的车，可是这位大叔别看年纪挺大，却从来没有碰过车，对车一窍不通。于是，他拽着艾伦问东问西、问里问外，艾伦累得口干舌燥，但为了这个单子艾伦不停地说。但这位大叔的问题接二连三，甚至有些专业的问题连艾伦也说不清楚。可见大叔为了给儿子买到车，专门查找了很多专业的术语。

最后，艾伦累得坐在地上了，大叔依然不依不饶，艾伦生气了，抬高嗓门说："你对车一窍不通那你还挑选什么车啊？你直接让你儿子来不就得了？"

大叔突然也生气："你难道生下来就懂车？"

大叔冲着艾伦大吼了一句，直接走向经理办公室，艾伦想拦也没有拦住。在大叔的投诉之下，艾伦只好离开了自己的工作岗位。

通过这个案例我们可以清楚地认识到，用充满质疑、毫无礼貌的语气去揭客户的短，或者对客户的理解力表现出不耐烦，就是自掘坟墓。

作为销售员在服务客户的时候不能以貌取人，不能因为长得漂亮的客户就尽心尽力服务，对那些不帅气的客户就不闻不问，这样服务的态度没有哪个客户能够接受，愿意接受。

公平公正对待每个客户是一个人的基本修养。如果抓住他人的"缺陷"死死不放，甚至还拿出来作为一种取乐的道具，这就是践踏客户的人格，这种销售员不应该站在销售的队伍之中。

善待每一个人，维护每一个人的利益，尽量不破坏他人的面子，只有这样才能拥有更多的朋友，拥有更多的客户。

销售警语

❖ 不要将行业的短板当作他人的缺陷。尺有所短寸有所长。每个行业都有自己的专业性，如果你不是从事这个行业，你就未必真正了解这个行业，但是你绝对不能将自己的专业强项作为取笑非专业人士的"缺陷"，这样无疑搬石头砸自己的脚。

❖ 宽容每一个人。我们每天遇到各种各样的人，男人女人，老头小孩，工人干部……在这些人群中，每个人都是不同的，正是这些不同让我们的社会丰富多彩。如果千篇一律，那无异于机器人，没有差异性，就没有乐趣，生活就会变得无趣，因此，宽容每个人，你的生活才能乐趣无穷。

● 不要将客户的秘密泄露给他人

我们每个人几乎每天都能够接到这样那样的推销广告，比如：保险推销、社会调查、中奖通知……严重影响到了自己的生活，让人苦不堪言，气愤之余，免不了问："我的电话他们怎么知道的呢？"

在日常消费中，有不少的企业打着会员制或者商品折扣的旗号，诱骗客户留下自己的详细资料，然后企业将这些资料输入企业的数据库，作为以后的商业用途，以提高自己企业的市场竞争力。也有不少不道德的公司，常常把客户的这些隐私资料作为商业机密转卖给其他的公司，从中牟利。在没有经过客户的允许之下，滥用客户的私人信息，不仅侵犯了个人隐私，同时也影响了销售员和企业在消费者心目中的形象，从而失去了消费者对他们的信任。

在这个商场如战场的时代，在这个信息战时代，一份商业机密信息可以成就一个企业同时也可以毁掉一个公司。作为销售员，我们要对客户的信息高度保密，这不仅是销售员个人的素质，也是我们对客户负责的表现。

弗兰切丝卡就出现了致命的错误，在一次高速路竞标过程中，她收到了自己竞争对手公司业务员艾米丽的饭局邀约。

弗兰切丝卡感到很奇怪，艾米丽是自己竞争对手公司的业务员。在本次高速路竞标过程中两家公司争得你死我活的，怎么突然邀请自己吃饭呢？难道想从自己这里打探到一些消息？

艾米丽似乎早有准备，说："这次请客吃饭没有别的目的，主要感谢你帮我介绍熟悉的朋友，让我买到了便宜的房子，我总不能见利忘义啊！所以，请客以表感谢。"

弗兰切丝卡想起来了，几个月前，自己在房地产工作的朋友手中有一些房源，为了完成当月的销售量，于是找到弗兰切丝卡希望推荐身边需要买房子的朋友。在一次招标会议上弗兰切丝卡认识了艾米丽，艾米丽无意间透露自己马上要结婚买房子的事情。弗兰切丝卡立刻将自己在房地产工作的朋友介绍给了艾米丽，没有想到艾米丽还真与弗兰切丝卡在房地产公司的朋友合作成功了，而且为艾米丽节省了不少钱呢！艾米丽请客感谢自己似乎是情理之中的事情，而没有其他的想法。

最终艾米丽告诉了弗兰切丝卡请客的时间、地点。

弗兰切丝卡虽然已经答应艾米丽了，可是内心还是觉得有些犯嘀咕，毕竟是自己竞争对手的核心成员，在一起吃饭影响不好。可是，觉得自己已经答应人家了，不好意思再次拒绝。再说弗兰切丝卡对自己还是有信心的。

当弗兰切丝卡来到约定的地点的时候，艾米丽和自己的未婚夫也如约而至了。

酒过三巡，弗兰切丝卡被艾米丽和她的未婚夫灌个烂醉如泥。弗兰切丝卡也不知道说了些什么话，只觉得自己说个不停，控制不住自己的嘴巴。

过几天高速路招标开始了，在竞标中，艾米丽的公司就像知道整个过程的内部消息似的，招招致命。而且艾米丽公司还对弗兰切丝卡公司的底细一清二楚。最后，弗兰切丝卡的公司被艾米丽的公司击败了。

事后弗兰切丝卡才知道，原来艾米丽请客吃饭是"鸿门宴"，其真正的目的就是通过弗兰切丝卡打探她公司招标的内部消息。但是弗兰切丝卡大意了，也没有防艾米丽，喝多了，醉后吐真言。艾米丽乘胜追击，弗兰切丝卡将自己的公司底牌亮给了艾米丽，艾米丽最后取得了胜利。弗兰切丝卡只能是哑巴吃黄连有苦难言。

弗兰切丝卡后悔自己喝多了犯糊涂，不但把客户的信息告诉给了竞争对手，还把自己公司内部的秘密也告诉了竞争对手，对手抓住了这些重要信息，然后有的放矢，怎么能够不成功呢？

在这个尔虞我诈的商业社会，如果我们不能将自己的嘴巴管住，不能将客户和自己的商业秘密守口如瓶，这就等于我们赤手空拳和别人的枪炮作战，最终的结局只能是输给对手。

如果你能帮助客户守住秘密，客户就会信任你，就会把你当作真正的朋友。作为销售员，很多时候并不是输给了自己的能力，而是输给了自己的嘴巴。要想在销售中取得一定的成就，就要有一张守口如瓶的嘴巴，对客户的秘密只进不出。

销售警语

♣ 守住客户的秘密是我们的责任。当别人向我们咨询客户的商业秘密的时候，一定不能告诉对方，无论什么借口，一旦告诉对方，他就很有可能用来做非法的事情，甚至可能牵扯到你，到时候你就会脱不了干系；再说了守住客户的秘密是销售员的职责所在。

♣ 如果秘密面临被泄露的危机该怎么办呢？当面对别人的诱惑，将自己置于泄密的边缘的时候，一定要想一想泄密之后可能带来的后果。客户企业倒闭？自己人品受损？自己企业遭受牵连，轻者批评，重则可能坐牢，妻离子散，家破人亡。想到这些也许就会清醒了。

● 不要给你的客户开空头支票

诚实守信是一个销售员最基本的素质。如果销售员为了成交而答应客户一切需求，最终无力完成，无疑会搬石头砸自己的脚，不仅损害了自己的诚信度，更有损于公司的名誉，而且永久地失去了一个客户，甚至一群客户。因此，作为销售员自己办不到的事情就不要给客户承诺，一旦承诺了，就要言出必行。

克拉克是一家机械制造公司的业务人员，虽然年纪很轻但工作能力很强，刚到公司的第一个月就签到了五张大单，这使得老板对他格外器重，第三个月就将他升到了业务部门主任的位置。

这给克拉克很大的动力，他又接连签订了几个大单子。可是，过了一段时间，克拉克的业绩量大不如从前，而且还有下降的趋势，客户投诉也越来越多，这让老板很奇怪，如此一个聪明能干的年轻人为什么会出现这种趋势呢?

后来老板找到了其中的原因：原来克拉克每次和客户沟通，到最后交易，面对客户的要求都是拍着胸膛、信誓旦旦地说没有问题，一切包在自己身上。比如，客户要求一个月交货，可实际上制造至少需要两个月，但是克拉克依然以满足客户的需求为最终目标，答应客户一个月内交货没有问题。结果可想而知了，一个月之后客户催货的时候，克拉克告诉对方正在生产之中，一个半月之后客户又催促，克拉克依然说还在生产之中……客户就很生气，因为他们在签订合同的时候就按照一个月交货签订的，客户的各种安排都是按照一个月来计划的，一旦克拉克一个月交不了货，客户方的一切计划都会被打乱，损失不可估量……这样的客户越来越多，克拉克的信誉越来越低，所在的公司的影响也越来越不好。后来，很多客户只合作一次，再也不想第二次合作了，纷纷投奔竞争对手的公司。

像克拉克这样的业务人员在我们身边很多，他们只看眼前的利益不考虑长远的发展。作为销售员一定要明白，既然答应了客户，就必须按照承诺兑现，你答应客户什么，你就必须兑现客户什么。否则你在客户的眼中就是一个言而无信的人。一旦关乎诚信、信誉问题都不是小问题，它关系到一个人的品质、道德，如果一个人的品质与道德出现了问题，那问题就很严重了。

作为销售员，在面对客户提出的要求的时候，应该有选择性地，有技巧性地承诺。能够做到且该做到的，要做出很坚定大胆的承诺；如果能够做到但没有必要的，承诺需要谨慎考虑；对那些不能做到的要求，坚决不能承诺。

具体可以借鉴以下方法：

✦ 对于那些本应该做到的，而且能够做到的要求，可以坚定地承诺。当客户对你提出要求，这些要求本来就是你服务的范围，比如，产品的售后服务等。销售员完全可以向客户承诺，最好承诺的态度要真诚，语气要坚定，这样客户才能觉得心里很踏实。

✦ 对于那些自己还不可能确定的事情，承诺之前一定要慎重考虑。在销售的过程中有时候客户提出的要求很合理，但是却不在销售员的管辖范围之内，如果客户非得要一个明确的承诺，就一定要慎重。遇到这种情况可以采取灵活的办法和策略，给客户讲清楚道理和理由，也坦诚自己的权力范围，希望得到客户的理解，更不能在合同上形成文字性的类似承诺的东西。

✦ 对于那些无法做到的事情，坚决不能向客户承诺。销售员难免会遇到几个难缠的客户，他们往往会提出一些销售员压根无法满足的需求，此刻，千万不要承诺。拒绝客户要求的态度一定要坚决，让客户明白你是拒绝的，而不是还有商量的余地，或者模棱两可，留下幻想空间。当然，拒绝的时候一定要讲究方法和技巧，向客户坦诚自己的为难之处，不要激化与客户之间的矛盾。如果客户依然非得让答应自己的要求才可以交易的话，那么销售员宁愿失去这次交易的机会，也不要犯下原则性的错误，这不仅是维护个人信用，更是维护公司的信誉。

总之，销售是一份口才活儿，一句客户爱听的话可能成交一笔大业务，一句客户不爱听的话可能失去一次交易的机会。因此，销售员在与客户沟通的过程中一定要注意沟通的技巧和方法。尤其当面对客户需要的时候，对于自己权力范围内能够办到的可以大胆承诺，否则一概不要答应，这也是销售员的基本原则。

销售警语

♣ 承诺之前需思量。当面对客户的承诺的时候，一定要根据自己的权力范围进行思考，哪些事情是可以办到的，哪些事情是自己办不到的。对于自己能够办到的可以承诺。对于那些不能办到的坚决拒绝。否则，一旦承诺，客户就需要兑现，而你根本无力完成，客户就会整天对你死缠硬磨，让你苦不堪言，与其这样还不如不给客户开这张空头支票，早知今日何必当初。

♣ 言出必行才是诚信的标准。诚信是做人的基本素质。当面对已经承诺客户的要求的时候，一定要想尽一切办法去完成。客户在这个时候要看的是结果，而不听任何的理由和借口。

CHAPTER 10

第十章：
售后服务这样说，客户才会二次消费

你敢向客户承诺自己的售后服务吗？产品出现了问题，你是逃避还是出面解决？现在的客户，不仅看重产品本身的价值，还注重产品的延伸服务，因此，处理好售后很关键！

● 诚信服务才能赢得更多回头客

一个人如果想要在这个世界上干出一番事业，就必须诚实守信，这是做人的基本原则。如果弄虚作假，欺上瞒下，这样的人不仅欺骗自己身边的人，更是欺骗国家的利益，必然会遭到身边人的唾弃、国家的制裁。

那么，作为销售员更应该诚实守信，答应客户的一定要办到，办不到的不答应。另外，不能为了暂时的利益便可信口开河、忽悠客户，否则得到的也会失去。

小区旁边的菜市场有一位小伙子在卖螃蟹，遇到有客户路过，他就大声吆喝着："新鲜的，新鲜的，亏本卖啦！要不亏本我就是你孙子。"

后来果真还有一些客户来购买，可是没有多久，就很少有人再购买小伙子的螃蟹了。一是小伙子的螃蟹并不很新鲜，二是小伙子的螃蟹价格比其他地方还高，怎么可能亏本呢？街坊四邻很快知道了，就不会再来他家购买了。但小伙子可能认为自己吆喝得不够卖力，于是抬高了声音叫卖，依然没有人买。

路过的人都摇摇头，心里嘀咕着："这小伙子不靠谱，天天在这里亏本当孙子，难不成当孙子上瘾了？"

小伙子做的是街坊邻居的生意，说白了就是熟人的生意，必须讲诚信，螃蟹绝对是新鲜的，价格必须是合理的，只有这样才能让你的客户不断回头购买。可是他的螃蟹既不新鲜而且还很贵，街坊邻居一传大家都知道了，大家都不到他家购买了。

人与人之间，无论是雇主关系还是朋友关系，无论是亲属关系还是客户关系，相互之间都应该真诚相待。那么，我们该如何换来他人对我们的真诚呢？答案很简单，只有七个字：用真诚换取真诚。

当松下电器公司还是一个乡下小作坊的时候，作为公司的领导，松下幸之助总是亲自出门推销自己的产品。每次在碰到砍价高手的时候，他总是真诚地说："我们的工厂还是一家小厂，炎炎夏日，工人们在炽热的铁板上加工制作产品，大家汗流浃背，却依旧努力工作，好不容易制造出了这些产品，依照正常的利润计算方法，应该是每件1500日元，可是你们只给我1000日元，让我回去都没有办法向我的工人交代。"

听了这些话，客户往往开怀大笑："有很多卖方在讨价还价的时候，总是说出种种不同的理由，但唯有你的说法很不一样，句句都在情理之中，好吧！我就按照你开出的价格买下来吧！"

松下幸之助的成功，就在于他真诚的说话态度，他的话充满了情感，描绘出了个人劳作的艰辛、创业的艰难，语言朴实、形象、生动，语气真挚、自然，唤起了客户切肤之感和深切的同情，正是他的真诚，才换来了对方真诚的合作。

说话具有真情实感，能够做到平等待人、虚怀若谷，这样的人说的一个字一句话都犹如滋润万物的甘露，点点滴入听众的心田。

由此可见，真诚的语言，不论对说话者还是听话者来说都至关重要。说话的魅力，不在于话说得多么的流畅，多么滔滔不绝，而是在于是否善于表达真诚。最能推销产品的人，不见得一定是口若悬河的人，而是最善于表达自己真诚情感的人。

美国前总统林肯就是非常注重培育自己说话的真诚情谊，他说："一滴蜂蜜要比一加仑胆汁能吸引更多的苍蝇。人也是如此，如果你想赢得人心，首先就要让他相信你是他最真诚的朋友。那样，就会像一滴蜂蜜一样吸引住他的心，并成为一条坦然大道，通往他的理性彼岸。"

小姑娘阿曼达每天下午七八点钟的时候，都会在大型商场旁边的过道摆地摊卖鞋子，遇到驻足的客户她都要说一句："我刚放学，摆个地摊挣点房租钱，好为父母亲减轻点负担。这鞋子在商场里面卖 80，网上卖 35 元，我只挣您 3 块钱辛苦费，我卖 38 元。"

阿曼达的言语之中没有用到华丽的辞藻，简单而朴实，让很多人想到的是这么小的姑娘太懂事了，为了减轻父母亲的负担，白天上学，放学之后又得摆地摊，实在不容易，现在还有几个人记起自己的父母亲，或者是有多少人已经成年但依然在啃老。与之相比阿曼达更加让人动容，而且她也没有想挣太多的钱，只挣你 3 元钱，3 元钱是个大数字吗？一瓶水的钱，靠自己的劳动所得比那些伸手要钱的人强多了吧，这么一想路人纷纷掏钱购买。

做销售跑业务一定要诚实守信，否则客户就会离你而去，真诚不仅能够吸引当下的客户，还能吸引未来的客户，更能够吸引回头客。真诚是获得别人信任和尊重的唯一方法。如果你言而无信，谎话连篇，一旦被揭穿，你品德上的污点会被无限地放大，以至于最后自己无路可走。因此，要想拥有幸福人生，诚实守信不可丢。

销售警语

❧ 诚实守信是一个人成功的助推器。在人生的道路上，只有诚信才是你成功的助推器。建立在自尊基础上的诚实，乃是一个推销人员迈向成功的不二之选。任何人都必须诚实地对待自己的客户，赢得客户的信任，才能走向众人瞩目的位置。

❧ 诚信是一个持久的素质修炼过程。当我们面对每个人的时候都应该保持最基本的诚信，不能对一个人诚信，对其他的人却撒谎；更不能昨天诚信，今天却撒谎。一旦被其他的人揭穿就会否定你的一切诚信素质。可见，诚信是一个持久的修炼过程，不能分别对待，也不能时而诚信时而不诚信，否则你就是一个品质低劣的人。

● 落实服务承诺让每个客户用得安心

良好的售后服务是再次交易的开始。很多商家通过不断提升售后服务质量，增加企业信誉度，扩大产品在市场上的占有率，提升推销工作的效率及效益。同时，售后服务的优劣严重影响着消费者再次消费的可能性。客户在购物的时候，如果产品的质量、功能有保证，而且还有完善的售后服务，那么他就会很快做出交易。在消费升级的今天，客户虽然购买的是产品，但是并不完全在乎产品本身，客户更在乎的是产品是否有完善的售后服务。

客观地讲，优质的售后服务是品牌经济的产物，名牌产品的售后服务往往优于杂牌产品。名牌产品的价格往往高于杂牌，一方面是基于产品成本和质量，同时也是因为名牌产品的销售策略中已经考虑到售后服务成本。

销售员王虎向一家公司推销软件系统，他在与该公司的负责人商谈时，就适当地运用了承诺，结果签了一个大单子。

这家公司的软件系统老是出现毛病，严重影响了公司的工作效率，最后公司董事会研究决定，投入大批量的资金，对公司的软件系统进行更新。

销售员很快得到了这个好消息，便前去找相关的领导人进行沟通。通过努力，这家公司的负责人对王虎所推销的软件感兴趣了。但是，由于之前花大价钱购买的软件系统还没有用多久就出现了问题，他们担心这次购买的软件还会出现上次购买的软件那样的问题。公司的总经理所谓一朝被蛇咬十年怕井绳，所以虽然对王虎的软件很感兴趣，但当签合同的时候犹豫了又犹豫，就是不愿意立马签合同。甚至还表现出他虽然对王虎的软件有意向，但还是想货比三家，希望能够找到质量和性能更好的、更可靠的，价格更优惠的软件系统。

王虎明白面对这种情况，不再单单比的是质量、性能、价格了，更比较的是售后服务，也就是说软件的质量、性能、价格市场上都差不多，最终能够让这家公司正式签单的就是完善的、高质量的售后服务，让客户买到软件没有后顾之忧。

王虎摸清楚了这家公司负责人的心思之后便承诺："如果贵公司采用了我们公司的软件，我将抽出时间亲自给您免费送货、免费安装，全程安装都由我亲自监督，等您验收。如果在运行的过程中发现我们的软件有问题，我承诺：除软件不要钱外，还包赔因此而带来的一切损失。"

这家公司的负责人看到王虎如此自信，对软件的质量、性能等便多了几分肯定，便说："好，只要你能够按照你承诺的来做，我就与你签约。"

王虎："如果您还有疑问，也可以将我刚才所说的写入合同。"

于是，很快王虎与这家公司签约成功了。

可见，这家公司因为前期购买的软件总是出现问题，便对王虎推荐的软件信心不足，担心再次上当，因此，在关键的签约环节有些犹豫不定。销售员抓住了这家公司负责人的心理，便进行了承诺，最终成交了。

客户的满意度与厂家的售后服务成正比。如果一家企业的售后服务做得好，能够达到客户内心所需求的那样，那么客户的满意度自然很高，而且这些客户会变成老客户，老客户还会带来更多的新客户。如果一家企业的售后服务做得不够好，让客户很失望，这些客户不可能再到这家企业进行第二次交易，甚至会以"好事不出门，坏事传千里"的速度，让自己身边或者更多的人知道这家公司的"品质"，谨防上当。如果这样的客户多了，这个公司就距离倒闭不远了。

作为销售员，提供任何产品和服务都是有风险的，这一点应该有明确的认识，但是通过陈述并且宣传你的保证和承诺，你商业前景上的风险会减弱，大大提高客户对你的信任，加强他们购买的意愿，并最终促使客户和你成交。

但是销售员一定要做到有诺必行。千万不要认为自己为了签单在客户面前什么承诺都敢说，成交了认为客户会忘记当初自己口头承诺的，这样想就大错特错了，之所以能够成交，客户就是冲着当初你的承诺去的，签单了就认为承诺不重要了？说者无意听者有心。作为销售员的你，所承诺的每句话客户都记在心中。你在做客户在看。如果售后服务按照承诺来做，甚至超过预期，客户认为你靠谱、人品好，还想继续与你合作，还想给你介绍更多的客户。如果你没有按照承诺来做，客户会"纠缠"死你，你未必有足够的时间来应付客户，但客户有足够的时间来"折磨"你，最后让你身心疲惫，与这位客户成了仇人，与这位客户身边的朋友成了仇人，如果这样的客户"培养"得多了，说明你距离真正的销售高手越来越远。早知今日何必当初呢？

面对客户的承诺该怎么去完成呢？

✦ 自己能够完成的就保质保量完成。既然已经承诺客户，那就是自己能够办到的。那么在售后服务的过程中，面对客户的任何问题都要依靠自己的力量去完成。甚至能够在兑现承诺的过程中不断给客户惊喜，提供超值的服务，这样才能让客户对你更加满意。

✦ 依靠团队的力量来完成。在承诺客户的时候一定要思考好，自己有没有能力完成承诺，如果个人没有能够完成的话，那么就需要团队来完成。自己的团队有没有这样强大的能力来完成，该如何配合才可以完成？这些在承诺的时候要考虑清楚。

✦ 企业出面协助完成。当团队也无力完成对客户的承诺，那就很有必要让公司出面来解决。一般公司都有一定的资源，无论是外部资源还是内部资源，只要调动起来，很容易解决客户的问题，但不建议随便动用公司的力量。

✦ 动用自己的人脉资源来完成。每个销售员都有自己的人脉资源，有时候为了兑现承诺并不想动用团队的力量和企业的力量，而是利用自己个人的人脉资源，只要能够帮助解决问题的资源都是好资源，但是要记住你动用了其他的资源，你就欠下了一份人情。

总之，给客户承诺的时候一定要谨慎，不要张口就来，从来不考虑是否能够实现。只承诺能够兑现的，不能兑现的千万不要承诺。

销售警语

♣ 承诺之前要掂量是否有能力兑现。在承诺客户之前一定要考虑清楚。自己能不能完成？团队能不能完成？企业会不会出面帮助完成？在完成的过程中会不会损害公司的利益？思考清楚了你就知道该怎么做了。

♣ 承诺之后要执行。承诺不是"忽悠"客户的手段。如果在签单之前承诺得很好，签单之后将承诺放在了脑后，而不是执行，那无疑是用企业的品牌做赌注，而且注定是一场失败的赌局。

● 要有敢于向客户低头认错的勇气

很多时候大家都认为认错是一件很丢人的事情，其实事情并非如此。认错还是很有学问的，如果你知道别人要批评你，不妨在他批评之前主动地做一番自我批评。这样一来，十有八九对方就不会再更加严厉地批评你了，只有包容才能显示出他自己有胸怀，因为没有人会伸手去打一个低头向自己认错的人。

张芳菲是一家地板砖公司的销售员，这天她终于签了一个大单子，有个土豪客户要装修自己的别墅，需要大量的地板砖，经过协商签订了合同，客户一次性付了全款。

本来张芳菲打算安排专门的送货师傅将这些地板砖分几次给客户送过去，可是被土豪拒绝了，客户说他自己有车，而且他亲自来张芳菲的公司拉货，这样保证地板砖的质量，免得拉回家出错了，还得拉回来换货太麻烦。

张芳菲觉得客户说得有道理。于是同意了客户的建议。当时客户拉了一些地板砖回家了，剩下的第二天再来拉。

不巧的是第二天张芳菲要外地出差一周，于是，她将客户要来拉地板砖的事情告诉了自己的同事，让他帮助负责接待一下，并且安排装一下货，同事答应了。

第四天的下午张芳菲接到了同事的电话："你的手机怎么才开机啊？你的客户闹事来啦！"

张芳菲："我们今天在外参加会议，手机没有电了，刚充了电。客户怎么回事？"

同事："你那客户明明是自己亲自来拉货的，每一箱地板砖都是他亲自验货的，可是他说工人装修了一大半发现颜色不统一，现在将颜色不统一的地板砖都砸掉了，让咱们赔偿经济损失，还要赔偿工人劳务费，还说咱们给他提供的货有问题，你说这能够怪咱们吗？"

张芳菲："是他亲自来提货的吗？"

同事："是啊！"

张芳菲："他要的地板砖是存放在库房 A 区 16 号，这个没有问题吧？"

同事："应该没有问题，他说他知道自己要的地板砖存放的地方，我只是领着到库管那里签的字，找人给装上了，当时他还开箱看了的。"

张芳菲："那问题到底出现在哪里了呢？"

同事："我不知道，他给你打电话，你电话打不通，他就直接来单位找我，我只是帮你忙而已，他怒气冲冲地打算和我干架，太凶了！"

张芳菲："那我赶紧给他打电话沟通一下吧！向他道个歉！"

同事："千万别打电话，他凶得很，这也不能完全是你的错，你道歉干什么？再说你现在在外地，即使打电话了也不能解决根本问题，还是等你回来当面解决吧！"

第二天一早，张芳菲就坐最早班飞机飞了回来，连公司都没有回，直接去客户的家里登门道歉。

当客户看到张芳菲似乎气得有些无语了："你啊！你！你看看你们给我提供的地板砖……让我说什么才好呢？"

张芳菲："先生您好，这肯定是我做错了，我现在向您真诚道歉，该负的责任我坚决负责。我那天不该出差，要不就不会出现这种问题了。"

客户："哎！……"

张芳菲："您怎么批评我都可以接受，我这边没有服务周到出现这种问题，这全部是我的责任，您消消气，现在最关键的是看怎么弥补让您的损失减到最小。"

客户："好了，好了！我现在气已经消了！"

张芳菲本想等着一场暴风雨般的批评，之后使用几个月的工资来补偿客户，可是没有想到客户并没有批评，更没有让张芳菲赔偿。原来，客户发现地板砖颜色不统一的时候是非常生气，打电话给张芳菲，结果张芳菲手机关机，客户只能去单位找张芳菲的同事，张芳菲的同事说客户没有理由来批评他，他只是帮忙而已，这种不负责的态度让客户发火了。后来客户想想自己也有问题，自己当初为什么没有仔细看清楚地板砖的颜色呢？客户的气基本消了，当看到张芳菲不断真诚地道歉，客户突然没有了责怪她的意思，更没有让张芳菲赔偿的想法。其实，客户要的不是赔偿，而是一种态度。张芳菲的同事不负责任的态度，让客户真正生气了，但张芳菲自己的态度让客户觉得难能可贵，所以原谅了一切。

所以，作为销售员，当发现自己对客户做错了什么的时候，首先要做的就是真诚地向客户道歉认错，而不是推卸责任。

曾经有一位销售员，他发现自己店里卖的一件产品比其他店里卖的同一款商品价格高出很多，他想：如果客户了解了这一情况的话，一定会对他所在的商店产生不好的印象。于是，他专程跑到每个用户的家中，把这一情况向那些已经买了这件商品的客户做了说明，并且说："如果您不满意的话，您现在可以退货。"所有的用户都被他的真诚所感动，不仅无一人退货，而且都成了这家商店的常客。

可见，当发现自己的产品或者服务有问题的时候，不要等着客户找上门，而是抢在客户发火之前道歉，掌握主动权，浇灭客户的怒火，这样才能够平静地处理该处理的问题。更多的时候客户之所以发火，并非产品出现多大的问题，而是销售员服务态度出现问题，也许销售员一句真诚道歉，一个诚恳的认错，这件事情就过去了，但如果销售员不仅不负责任，还推卸责任，换位思考一下你是客户的话你会生气吗？

销售警语

❖ 主动承认错误，掌握主动权。无论是自己的产品还是服务出现了问题，千万不要等到客户找上门来再道歉，这样就显得很被动，而是应该在客户未发现问题之前就道歉，掌握主动权，没有哪个人愿意伸手去打一个真诚向自己道歉的人。

❖ 弥补让错误的损失更小。有时候仅仅向客户道歉还是不够的，毕竟由于自己或者自己的产品给客户造成了损失，至少心灵上受到了伤害，为了让受伤的心不再痛，不妨给客户一点弥补的小礼物，客户心理平衡了，一切问题都不再是问题。

● 积分回赠是培养客户忠诚度的最好策略

做过销售的人都知道，与老客户保持合作关系所花费的时间和精力远远低于新开发一个客户。因此，一个新的问题就出现了：如何才能让老客户持续在自己这里消费呢？尤其在商品同质化越来越严重，竞争白热化的今天，我们的老客户随时都可能做出其他选择，在这种情况下将老客户如何留在自己家的这个问题更是难以回答。

但是有一种策略可以说是很多商家使用经久不衰的手段——积分回赠。积分是指客户购物后根据客户销售金额的多少赠送一定数量的积分，当积分积累到一定的数额，商家就会根据客户积分的多少兑换一些小商品，或者抵消一定的消费金额。商家采用这种方式吸引客户长期在自己这里消费，同时商家还通过积分给客户一定的折扣优惠活动，最终达到双赢的效果，客户既省了钱，又能够将实惠带回家，一举两得，何乐而不为呢？

有些商家将销售积累到一定数额可以兑换的产品以公示的方式告诉大家，有很多人为了兑换到自己喜欢的东西使劲去购物积累积分，虽然最终购物所花的钱足够去买到自己喜欢的产品，可是在客户的心中这个产品是积分换的，也就相当是免费送的，而不是自己花钱买的，完全忽略了自己花钱购物积分的过程。

老宋上了年纪，去哪里都不是很方便，更别说去很远的商场买东西了，他买什么东西都去自己楼下的小超市。因为这里的超市购物可以积分，不仅商品享受一定的折扣，还可以兑换礼品，在老宋看来在这里购物绝对的实惠。

这天，老宋的家里来了朋友，老宋便去楼下的超市买了一些肉、鸡蛋、蔬菜等，还买了两瓶洋河酒。

销售员看到老宋买到如此多东西便搭讪道："宋大爷，您今天怎么买这么多东西啊？是不是家里来客人了啊？"

老宋一愣说："是啊！家里来了朋友。对了，你怎么知道我姓宋啊？"

销售员："大爷，您经常来我这里买东西，虽然这般年纪但每次都那么精神，给我印象很深，所以我记住啦！"

老宋："哦！哦！"

销售员："家里来了朋友，买两瓶酒够喝吗？"

老宋："我觉得差不多。"

销售员："最近我们的酒在做优惠促销活动，也花不了几个钱，宁愿多买几瓶，别买少了让客人觉得您小气啊！"

老宋："怎么个优惠法啊？你说说。"

销售员将老宋领到酒专柜介绍道："现在我们的洋河酒正在做活动，如果购买的话，不仅单价比平时便宜不少，而且还可以回赠积分。您现在买一箱，可以帮您省下不少的钱。"

老宋一想，今晚朋友多，两瓶未必够，再说平时自己也有喝两口的习惯，恰好抓住今天促销活动买一箱，也是个不错的选择，而且还能够积下很多积分，一箭双雕，何乐不为呢？可是，如果买一箱酒自己怎么搬上楼啊？

销售员似乎看出了老宋的心思，便说："您如果买一箱酒肯定不好拿，您看这样好不，您买两箱酒，优惠更多，积分更多，我亲自帮您搬回家，您看怎么样？"

老宋一听的确是个很不错的主意，于是决定买两箱酒，回赠了很多积分，还有一些小礼品，老宋心理乐滋滋的。

可见，如果销售员能向客户做出积分回赠的承诺，他们就会增加购买的数量，尤其是对一些易耗品。当客户在遇到心仪的商品，但是商品对他来说又可有可无时，会有是买好还是不买好的顾虑。通过购物有积分、凭积分赠送小礼品的办法，可以打消客户的顾虑，有效调动客户购物的积极性。

但是，作为销售员，在积分回赠客户的时候一定要注意两点问题：

✦ 这次交易所赠送的积分并不对你本次交易产生成本，只有当客户下次再来购物使用积分时，这次交易赠送的积分才成为你的成本。而当客户下次再来购物时，又会给你带来新的销售利润。

✦ 销售员应该明白，并不是每一个客户都会回来使用积分，所以赠送的积分大部分都是当时给客户的一个心理安慰，实际上很多客户是不会回来使用积分的。

因此，作为销售员应该抓住客户的心理，巧妙利用积分回赠的方式，促使客户不断消费，为自己创造更多的利润空间。

销售警语

♣ 提高积分赠送的数量。当客户消费进行积分积累的时候，一定要提高赠送积分的数量，如果赠送的积分数额太少，让客户迟迟达不到可以赠送小礼品或者销售更多折扣的要求，客户就会有挫败感，甚至有上当的感觉，转而去别家消费。

♣ 小礼品或者优惠要有足够的吸引力。如果给客户的诱惑不够大，客户的消费就没有动力。因此，赠送的小礼品或者优惠一定要有适当的价值，这个价值可以根据客户积分的多少，分不同的档次，这样才能调动客户的消费积极性。

● 在服务过程中辨别真伪和异议，并积极解决

销售员无论在什么情况下都应该考虑到给客户足够的自尊心和面子。如果客户所说的问题不正确或者不够真实，销售员应该尽量避免发生正面的冲突；如果客户说的问题无关紧要，销售员可以不必放在心上，一笑而过；如果必须反驳客户的理由，那么可以首先肯定客户的部分观点，然后再反驳问题的本质，这样才能让这种客户心服口服。

一位客户想退掉自己刚刚买到的一件特价衣服，但商场规定特价衣服是不能退货的。

这时，销售员可以这样对客户说："我们的商店有统一规定，特价商品是不能退货的。不过，我可以去请示一下我们的经理，看他能不能给你特殊处理。"

当客户听到"特殊处理"这四个字的时候，会对销售员产生一种好感。如果经理不同意退货，客户也会认为销售员已经尽了力，就不会再为难销售员了；如果经理同意退货，客户会认为自己受到了特殊待遇，心中更会对销售员充满感激。

销售员无论是在销售过程中，还是在售后服务中都会遇到客户对产品的真假有异议，有的异议只是客户砍价的手段，有的异议还是确确实实存在，那么，作为销售员如何辨别真假异议呢？

我们通过最明显的肢体语言来判断一下：

✦ 表情语。人们常常通过面部表情来互相传递信息，像眼神、动作和微笑、愤怒、悲伤等都可以起到传递信息的作用。表情不仅能够传递一个人的情绪状态，还能够反映出一个人的喜、悲、哀、乐等心理活动。

✦ 副语言。所谓的副语言，指的就是说话的语音、语调和语气等。它们伴随着语言表达，往往透露出信息的真正含义，因而副语言与语言的关系非常密切，副语言更能表达出一个人的情绪和态度。

✦ 体态语。所谓体态指的就是人们在交流的过程中所表现出的身体姿态，如前倾、后仰、双臂交叉等。人们对待他人的态度，在体态上是很难掩饰和隐藏的，所以销售员要善于观察和分析，然后准确地判断不同体态透露出的不同信息，就很容易清楚客户表达异议是真是假了。

销售员通过观察，判断出真假异议之后，针对真的异议，销售员要采用相应的解决方法；而假的异议，销售员就应该发挥口才，通过提问或者旁敲侧击的方式来判断客户的真正意图，从而找到好的应对策略和方法。

销售员在判断出真假异议之后，就应该采取积极的态度应对，在应对的过程中，免不了与客户产生矛盾，那么如何避免和客户发生争执呢？

✦ 面对客户的异议，不要着急反驳，而是要冷静分析。当发现自己的观点与客户的观点相抵触的时候，你首先要判断产生这种异议的原因到底是什么，并且认真倾听客户的异议，从这些异议中获得更多的信息，然后再根据这些信息做出判断和应对策略。

有的客户提出的异议很刺耳，但并不是他们真正在意的地方。因为任何产品都不可能十全十美，客户对产品的挑刺也是情有可原的。对客户不在意的异议，如产品的款式和颜色等，销售员可不必放在心上，一言带过便可。

如果客户提出的异议是真实的，表明客户对产品的某些功能不满意，销售员应该强化产品的优点，来冲淡产品的缺点。如果客户对产品不满意的地方过多，销售员就应该向客户介绍一些别的型号的产品。

✦ 给客户多一些说话的机会。当客户发表自己对产品的异议的时候，销售员不要拒绝或者随意打断，或者是凭着自己的感觉进行妄加猜测，这样就会引起客户的误会和争执，因此，销售员要多听客户的异议，进一步判断客户的这种需求。

很多客户有一种发泄的欲望，让客户说就是给他提供这样的机会。当客户说完了，发泄完了，内心平静了，一切问题都解决了。

如果客户还没有说什么，销售员就说了一大堆解决问题的办法，这些观点可能会与客户的观点背道而驰，会让客户更加的生气，而且客户掌握了你更多的信息，销售员处于被动地位，不利于低成本处理问题。

✦ 与客户沟通的过程中不要语气太生硬。销售员在遣词造句上要特别注意，尽量回避一些生硬的词语，在对客户说话的时候，也要注意态度诚恳，客户是上帝，切勿伤害了上帝的自尊心。

在面对客户的异议的时候，不管是什么样的情况，销售员都不应该和客户发生争执。因为一旦发生争执，你的产品再好，客户也不愿意从你跟前购买。

虽然在争执的过程中，销售员可以拿出各种各样的理由压服客户，在争论中取胜，但也彻底失去了成交的机会。

销售警语

♣ 允许客户提出异议。当客户提出异议的时候，作为销售员不应该进行压制，在这个世界上没有十全十美的产品，认真听取客户的异议，进行分析，分辨出真假异议，对于真的异议应该积极面对，对于假的异议可以一笑而过，总之不能与客户起正面冲突。

♣ 以积极的心态面对客户的异议。无论客户提出的异议是真还是假，都应该积极面对，客户能够提出异议说明他们还在乎我们的产品，否则他们才懒得理会我们的产品。认真分析，分辨出客户提出异议的真实原因，是真的存在问题？还是一种砍价的策略？无论哪种原因从心态上都应该积极面对。

● 互利互惠才能让客户觉得你很靠谱

互利互惠也就是说销售员在推销的过程中，要以交易能够为双方带来最大的利益或者能够为双方减少损失为原则，不能从事损害一方利益给另一方带来好处的事情。客户之所以能够进行购物，就是在于交易后得到的利益大于或者等于他所付出的代价。因此，销售员在推销活动中要设法满足自己和客户双方所追逐的目标，实现双赢是培养长久客户之计，是客户不断购买的基础和条件，也是取得客户口碑的基础和条件。

作为销售员要想受到客户的欢迎，就必须想方设法为客户创造更多的利益，也就是设法使客户从购物中得到他预期的好处。如果销售员站在很自私的角度去考虑问题，只想着自己的利润或者提成，而忽略客户的利益，那么，没有哪一个客户会死心塌地跟着你一路走下去，因此，要想让交易频繁地发生必须是建立在双方都能够获得利益的出发点上。

作为一个有良知的商家，作为一个想将真正好东西带给客户的销售员，在向客户推荐商品的时候不妨换位思考一下，这样的产品自己敢用不？如果自己都不敢用，那最好别推荐给客户，就是那句话："己所不欲，勿施于人"。

你想要获得什么样的回报，往往不在于别人想要你什么，而是你曾经给了别人什么。你先给别人做了贡献，别人才会给你最大的回报。如果你高价卖给客户的是假冒伪劣的产品，那么客户"回报"你的只有：拿着你的产品告诉街坊邻居，让他们提防某个市场某个商家某个产品，让他们不要上当，然后听到的人传给更多没有听到的人，知道的人越来越多，走向你柜台的人越来越少……得不偿失，何必呢？

刘云是一家医疗设备的推销员，他想将自己的医疗设备推销给一家医院，便前去拜访这位医院的院长。但是，去了好几次，都没有能够如愿。

第一次拜访院长的时候，院长避而不见，将刘云直接拒之门外，说自己的医院从来不缺少医疗设备的供应商。

第二次刘云拜访客户的时候，虽然院长让刘云进入了他的办公室，但没有让刘云坐下，刘云刚与院长寒暄了几句，院长就接到了通知开会的电话，匆匆离开了办公室。

虽然前两次以失败而告终，但是刘云从来没有放弃，他准备第三次去拜访院长。

这天一大早刘云就来医院拜访院长，正好看到院长在搬一盆花，很费力的样子。他应该是想将这盆花搬到自己的办公室，从院长小心翼翼的神情足见他对这盆花很喜欢。

于是，刘云没有多想什么，直接上前帮助院长将这盆花安置妥当。

当院长在办公桌前坐下来，刘云开门见山直接说这次来的用意，虽然他已经做好了再次被拒绝的准备，但是这次却听到了不一样的声音，院长说可以考虑从他这里购买一套设备先试试，这让刘云很兴奋。

为什么院长从当初的拒绝购买到最后却成交了呢？原因就在于刘云帮助

院长搬了花，院长接受了刘云的帮助，院长自然想回报，为刘云做点什么。如果院长依然拒绝刘云的话，那显得冷血无情，有些说不过去，在这样的心理作用之下，院长最终选择了他所提供的医疗设备，以此方式来回报。

这就是互惠互利的巧妙应用，通过首先给对方"好处"的方式，用一种无形的力量拴住对方的心，从而扩大自身的影响力。当然也有人会无动于衷，会知恩不报。但这样的人毕竟是少数，他们只会被人们当作反面教材，使大家不要像他们那样做。

销售其实就是销售员与客户之间的一场心理战役，如何在这场战斗中取胜，不仅要斗智斗勇，还要善于从心理上占据优势，让对方心悦诚服。如帮对方一个小忙、给对方一些赞美等，当对方收到了你的恩惠，也就会在自己力所能及的范围之内给你一定的回报。这对促成销售会产生意想不到的效果。

销售警语

❧ 太自私的人不是好销售。如果销售员在向客户推荐商品的时候，总是站在自己的角度，以自己的利益最大化为标准，却对客户提出很苛刻的条件，完全不顾客户的利益，那他是永远不会取得成功的。

❧ 要想钓到大鱼就得放长线。如果销售员仅仅做当下的生意，那么可以站在自己的利益考虑，赚一笔算一笔；如果销售员是想做未来的生意，长久的生意，那么就要以客户的利益最大化为出发点，只有这样才能赢得信任，才能让更多客户追着你消费。

C<small>HAPTER</small> 11

第十一章：
每个人都可能成为卓越销售专家

你了解你的客户吗？和陌生人交流你会怯场吗？工作之余你会进行反思总结吗？学好每一个技巧并融会贯通，你就是卓越销售专家！

● 学会快速将陌生人变成熟人的技巧

销售员每天都会遇到各种不同的陌生客户，对那些从事销售多年富有经验的老手来说是小菜一碟，他们能够很快与陌生客户打成一片，但是对一些销售新手而言，如何与陌生人沟通成了很大的难题，更别说将产品卖给陌生人了。

大家通常的心理状态是，与熟人打交道，比较放心，因为是熟人关系，相互了解，知根知底。但是与陌生人打交道就不同了，因为我们对陌生人缺乏一定的了解，即便有时候是熟人介绍的，那也未必能够完全放心，有这样那样的顾虑也很正常。

但是销售员在面对陌生人时，不能一直保持在陌生人的状态，而是通过与陌生人简单沟通，进而了解陌生人，将陌生人变成熟人，再将产品卖给这个熟人。

孔飞是刚入行的销售员，由一个老员工带着。最初，当有客户上门的时候老员工都不要孔飞出面接待，而是让他站在一边看着，看他如何与客户沟通，如何将陌生人变成熟人，再将产品卖给熟人。

孔飞看着老员工一笔笔的签单，很是羡慕，可是当老员工让他亲自接待客户的时候，孔飞就没有了这个勇气，甚至一有客户孔飞就主动退缩到一边去了。这让老员工有些生气："你跟着我看了大半个月了，该懂得都懂了吧！你得出来实践一下啊！要不你一辈子都不可能成单的。"

在老员工的督促之下，孔飞扭扭捏捏地上前了："你、你好，我、我能够帮你做点什么？"

孔飞由于紧张结巴起来，客户有些吃惊地看着孔飞，心想：这年月连结巴也做销售了吗？

老员工见状赶紧上前对客户说："您好，这是我们新来的同事孔飞，今天由我们两个人共同为您服务，希望您能够给孔飞一次锻炼的机会，他有回答不清楚的东西，我立刻给您最好的回答。"

客户似乎立刻理解了，便对孔飞说："小伙子，别紧张，我是不吃人的哦！"

客户的玩笑不但没有让孔飞放松，反而让孔飞更加紧张了，满头大汗。

客户似乎有些尴尬，赶紧转移话题："我打算买一台冰箱，看你这里有合适的吗？"

孔飞用手指了指旁边的冰箱，却一句介绍的话也说不出来。老员工为了不让这个单子黄了，赶紧上前为客户介绍。

最终客户买下了一台冰箱。

客户为了鼓励孔飞还说："今天这台冰箱可是冲着孔飞买的，要算在孔飞的业绩里面哦！"

孔飞似乎很激动，连声说："谢谢，谢谢！"

客户还鼓励孔飞说："做销售啊！一定要胆大、心细、脸皮厚啊！当你向客户介绍了产品之后，无非两种结果嘛！购买或者不购买，对你个人有什么伤害啊？难道身上能够少一块肉不成？是不是啊？"

孔飞连连点头说："是，是，是！"

客户走后，老员工针对孔飞今天的表现进行了点评，虽然从孔飞的角度来说觉得很失败，但对老员工来说，孔飞进步了不少。

老员工说："首先你要摆正心态，不要觉得我们就是给别人卖产品的，更不要担心被客户拒绝了怎么办？即使客户拒绝是很正常的事情，拒绝了对我们也不会有多大的损失啊，我们的产品不照样放在我们的店里吗？拒绝又不是客户扛着我们的产品跑了不给钱，你担心什么啊？我们给客户推荐产品的时候一定要明白，我们不是给客户买产品，我们只是帮助客户解决问题。你想一想是不是，客户家里想要冰箱，我们帮助客户找到最适合他们家的产品，找到价位最适合他们的，我们是不是在帮他们的忙啊？"

孔飞听后认真想了想老员工的话，还有客户亲切和蔼的说词，心里放松了不少。于是，一点一点地锻炼，首先从接待、打招呼开始，后来再到介绍产品功能，再到与客户讨价还价，没有多久，孔飞依靠自己的能力成功签了几笔单子，这给他很大的信心，原来谈单子并非就像自己最初所想的那么困难。只要摆正心态，正确面对一切，就都不是困难。

那么，作为销售员如何快速与陌生的客户建立起信任的关系呢？

✦ 摆正心态很关键。

如果我们低三下四为陌生客户服务，那么永远不可能成为成功的销售员。我们要摆正心态，我们就是帮助客户解决问题的，挣钱是捎带的事情，再说产品都是有制造成本的，付出才能获得相应的回报这是必然的。另外，我们与客户的地位是平等的，根本不存在谁的身份高、谁的身份低的问题。

✦ 不要害怕客户的拒绝。

很多销售员之所以不敢与陌生人交流，是因为害怕被陌生人拒绝之后带来的后果。拒绝之后同事会不会取笑自己，领导会不会看不起自己。或者当客户拒绝之后，一些销售员就怀疑自己的能力，越是这样越是不敢与客户说话了。这种心态是不正确的，我们大胆向客户推荐我们的产品无非就是他们不买我们的产品而已，对自己本身不会造成什么伤害，只要不断总结，吸引教训，当遇到下一个客户的时候，客户就不会找到拒绝的理由了。

✦ 可以从轻松的聊天开始。

见到陌生客户先不要着急想着怎么去推荐自己的产品，而是先从日常的聊天开始，通过聊天增进信任，彼此放松警惕，再进行推荐产品。也就是我们在与客户沟通的过程中创造一种彼此都能够接受的、轻松的聊天氛围很关键。在这个过程中，如果能够找到客户感兴趣的点，那么客户就会越聊越嗨，对增进与客户的情感大有好处，对成交来说也大有益处。

可见，与陌生人打交道并不难，将陌生人变成客户也不难，只要我们摆正心态，大胆面对客户的拒绝，一切都变得简单了，包括签单。

销售警语

♣ 与陌生人沟通摆正心态。如果想与陌生人成为朋友，首先不要想一些过于功利的事情。目的很明确就是交朋友，这样你的心里就没有了负担，才能聊得开心。如果目的很复杂，在聊天的过程中总想着如何实现自己最终的目的，沟通的过程中心里就显得沉重有压力，就不会交到真正的朋友。

♣ 不要想拒绝的后果。很多人之所以不敢与陌生人打交道，就是担心自己被陌生人拒绝之后显得自己没有面子。这样想得越多越没有勇气去面对陌生人。将拒绝想成一种生活中的常态，每个人都有拒绝别人和别人拒绝的时刻，只要心里没有压力了，与陌生人沟通起来就轻松了。

● 给你的客户设计一套非买不可的理由

在物质越来越丰富的今天，商品之间的竞争也越来越激烈，每个消费者都面临着更多商品的诱惑，如果你的商品不能给客户制造一种非买不可的理由，那么客户完全有可能去买别家的产品，你也因此而失去了一个订单。

那如何才能让你的产品在激烈的竞争中获胜？如何才能激发客户对你的产品产生购买的欲望？这都需要销售员为自己的客户设计一套方案，让客户觉得只有购买你的产品才能满足自己的内心需求；而且只有这种独一无二的选择，客户才能心甘情愿地购买，转身还得说"谢谢"，不要觉得那些销售高手签单来得轻而易举，其实，销售都是设计出来的。如果会设计，客户就会沿着你设计好的道路跟着你一直走下去；如果设计得不好，你的客户只能半路离你而去。

那么，怎么设计才能让你的产品给客户有一种非买不可的感觉呢？

✦ 你的产品具有完美无缺的基因。客户之所以购买你的产品是因为你产品的质量、性能、配置、款式、颜色等都符合客户的需求，这是最基础的要求。如果满足了客户的这些需求，客户就会毫不犹疑地买单。如果你的产品这些方面没有一个地方值得客户满意，那只能说明这件产品可能是劣质产品，不具备"完美无缺"的基因，客户怎么可能去购买呢？

✦ 你的产品具有独一无二的优势。都是同一款产品，但是你的产品拥有其他同类产品所不具备的优势，货比三家之后，客户自然会选购你的产品。而且你的产品所具有的优势是无可替代的，如果客户用其他产品就可以替代你产品的优势，那就不能算作独一无二的优势。尤其当竞争对手也有这样的产品，那么你能够有比竞争对手还具有优势的产品吗？如果有那你就可能在竞争中获胜，否则你只能在竞争中被对手不费吹灰之力地干掉。

✦ 谁的服务更周到就会选择谁家。随着科技的飞速发展，产品同质化越来越严重，或者可以说产品之间质量、性能、款式等的竞争优势越来越小。那么，在这种情况下如何才能够让自己的产品显得更有优势呢？首先，我们要知道随着消费不断升级，更多的客户购买的并非是产品本身，而是产品的延伸服务及思想和精神的享受。咖啡在哪里都可以喝，但为什么很多人选择去咖啡店呢？因为咖啡店可以提供一种安逸、一种独立思考的场地，甚至可以满足很多人享受高逼格的空间感。同样一款产品他家免费上门安装，终身免费上门维修；而你家安装收费，免费维修仅仅半年，之后就需要花钱。你说客户会选择哪家呢？虽然客户知道这款产品不可能用一辈子，但是客户听着心里很舒服。你在网上买一款产品，有的卖家说三到五天就可以送到，而另外一家说两三天就送到家，你会选择哪家？很多客户选择后者，在客户看来，自己新买的产品就想急切地拿到手，那么两三天的时间很短，而三到五天时间就有些漫长。

✦ 你的产品是否能够给客户提供超值的东西。当客户还为是否购买你的产品犹豫的时候，你当场承诺如果购买了该产品还提供超过了客户预期的东西，而且这些超值的东西正是客户所喜欢的，那么这件产品不仅能够给客户带来极大的惊喜，而且你会给客户留下深刻的印象，客户会立刻决定购买。当以后客户再次想购买什么产品的时候不由自主地想到了你，甚至还会找你进行咨询，虽然你所销售的东西与客户想买的东西毫不相干，但客户已经将你当作自己最好的朋友了。

比如，有客户去电器商城购买一台电脑，结果被十多个销售员拉进自己的专柜介绍一番，每家的电脑都是价格不一，配置有高有低，你说你的好他说他的好，最后这位客户都不知道具体选哪家的电脑才好。最后，客户决定哪家的都不买了，回家先在网上了解一下，了解清楚了再来购买。

就在这位客户下到一楼的时候，有位销售员主动上前介绍："先生，我知道您在楼上看得眼花缭乱，不妨在我这里坐一坐，歇一歇，看看我的电脑。"

客户一想也的确，自己被楼上销售员的热情折磨得够呛，也有点累了，这个服务员的专柜在角落里，似乎有点冷清，刚好可以休息一下。于是，客户在这位销售员的引导下坐下来。销售员将自己的电脑介绍了一番，与客户在楼上听到的相差无几，但是销售员后来的几句话深深吸引住了客户："现在我们的电脑搞促销活动，购买就有优惠活动，还可以免费赠送您一张这家商城的白金会员卡，以后您来这里购物，将会永久享受95折的优惠。"

客户心里很满意，电脑哪家都差不多，他更在乎的是赠送的白金卡所带来的福利。如果正式办理一张白金卡，至少每月得消费过万，而且办卡还有其他的条件，并非你想办卡就能够办到的。现在他能够免费得到这张卡，客户心里别提有多开心啦！何况客户就住在附近，经常来这里购物，一张白金卡可以帮助他节省更多的钱。客户越想越觉得划算，立马掏钱买下了这一台价格有些高的电脑。

可见，客户虽然购买的是产品，但客户期望的却更多，如何满足客户超值的服务是决定客户最后是否购买的主要因素。无论怎么样，你得为你的客户设计一套非购买你的产品的理由，客户自然会为这个理由而心甘情愿买单。

销售警语

❤ 与其将你的产品说得天花乱坠，还不如抓住客户的心理需求，给客户提供超值服务，不断地给你的客户惊喜，让客户觉得在你这里购买是占便宜的，觉得你的人是值得信任的，那么你就掌控了客户的一切消费力。

❤ 要让你的产品成为客户的不二之选，首先要让你的产品具有独一无二的优势，具有不可替代性，这样不仅能够快速说服客户，更能够让客户顺利掏钱买单。

● 销售专家一定是一个懂心理学的预约高手

销售员经常要通过电话预约一些客户，可是有很多客户我们未曾见面，客户对我们也一无所知，所以戒备的心理很强，导致销售员预约的概率降低。即便如此，销售员也要进行预约，只要预约的方法、技巧得当，预约的成功概率就会大大提升。

下面介绍几种预约的技巧和方法，希望对销售员有所帮助：

✦ 以帮助客户解决问题的形式预约。

销售员："李先生您好，我是红日机械厂的销售员张光，我知道贵厂一直被员工的考勤问题所困扰，我们公司最近新上市了一款打卡钟，它能够方便地解决员工记录考勤的问题，它十分准确，并且精巧耐用，价格比同类打卡钟都便宜，更关键的是它可以防止一切顶替打卡的现象，我觉得很适合您的工厂使用。我可以给您详细地介绍一下，您看我是周三还是周四去拜访您？"

在这个案例中，销售员以帮助客户解决伤脑筋的问题为约见理由，能够吸引客户的注意力，预约成功率通常是比较高的。

✦ 以给客户邮寄资料为借口进行预约。

销售员："王小姐，您好，上周我们公司给您快递了一份我们新生产的电饭锅的说明资料，你是否收到？不知道您是否喜欢我们的产品，您有什么好的想法，可以与我沟通一下！"

在这个案例之中，邮递产品资料只是一种引子或者借口而已，给客户制造一种接到销售员的电话不显得那么突兀的情境——我们前期已经给你快递了产品的资料，这样可以减少客户排斥的心理。这种方式让客户在未见到销售员之前对产品有一个大概的了解，增强客户对产品的印象，为预约创造条件。另外销售员以请教的方式要求见客户，显示了对客户的尊重及重视程度，必然会让客户产生好感。

无论客户怎么回答，对销售员来说都是好事情。如果客户说自己看了资料，而且很喜欢，那么销售员便可请求进一步当面示范；如果客户觉得不是很喜欢，那么销售员也可以以当面演示产品功能为理由预约客户见面。

✦ 以感谢老客户的合作为借口进行预约。

销售员："张总，您好，我是电子公司的销售员方梅。您发给我们的订单我们已经收到了，我想和您约个时间见面聊聊，感谢您一直以来对我们公司的信任和支持。最近我们公司出了一系列电子组件，品质和效果都比以往同类的产品好，现在我们只针对老客户进行试用，正好我们见面的话我可以帮您介绍一下……"

在这个案例上，客户与销售员之间已经有合作，已经有一定的信赖基础，顺便推荐一下新产品一般客户不会拒绝。另外，新产品上市"只对"老客户开放，显示了对老客户的看重，给老客户有一种比别人更尊贵的感觉。

✦ 以向客户进行祝贺为借口。

销售员："刘阿姨，您好！我是家具公司的销售员张阿达，听说令爱马上就要结婚了，恭喜！恭喜！不知道您给女儿的嫁妆准备得怎么样了？我这里有一套进口橱柜，设计新颖，实用方便，特别适合年轻人结婚使用。我这里还有一些优惠卡，您有空我给您带过去，亲手交给您！"

一般在这种情况下，尤其是家里有喜事的时候，客户不会对销售员进行生硬的拒绝，这样销售员成功的概率很大，而且销售员还要亲自赠送免费的优惠卡，对客户有一定的吸引力。但是，前提必须要清楚家里的确有喜事即将发生，也就是获得消息要可靠，要不只能弄巧成拙，让客户生厌。

✦ 以给客户提供更优惠的条件为借口。

销售员："您好！王先生，我是乐器行的销售员程丽，前几天，您来我们公司为学校选购了一批钢琴，结果您觉得价格有点高，说回去再考虑一下。现在有个好消息告诉您，最近我们公司刚好对一些钢琴进行促销活动，您看中的钢琴价格下降不少，活动结束恢复原价，也就是一周之后价格上调，这个机会难得，您有空可以过来一趟，我为您推荐一下！"

销售员抓住了客户的心理，为客户提供产品降价等优惠条件可以有效促使预约成功。

为了提高预约的成功率，在预约中必须要注意一些细节问题，方便日后再次预约或者进一步跟踪服务。

✦ 将通话结果进行记录。

每给客户打完一个电话都应该进行记录。客户对自己的电话预约态度是什么样的？如果拒绝为什么拒绝？下次预约在什么时间？第几次给这位客户打电话？类似这样的问题都应该进行详细的记录，方便更了解自己的客户，然后对症下药。

✦ 电话中忌讳将什么都说清楚。

销售员在给客户打电话的时候，忌讳在电话中将产品各方面的功能都介绍一遍，这样通话的时间会过长，客户容易产生厌烦的心理。在电话中应该抓住核心问题，用最简单的话术为客户画一个轮廓，给客户制造一种好奇感，如果什么都说清楚了，客户不感兴趣，再想预约就很困难。

✦ 打电话的时候一定要注意礼貌。

如果销售员在吃饭、抽烟、嚼口香糖，或者还在玩游戏，最好别给客户打电话，这是对客户极大的不尊重。当被客户拒绝之后，不要在还没有挂断电话的时候就发牢骚，如果客户听到了就会觉得这个公司的员工没有素质，对整个公司产生讨厌感，要想再次预约到该客户就很困难。所以，无论预约是否成功都应该有礼貌地去对待自己的客户。

✦ 与客户交流的时候要注意语气及心态。

与客户在电话中沟通的时候，针对某些问题，销售员有自己的观点，客户也有自己的观点，而且观点各不相同，此刻销售员要允许客户有他自己的观点，千万不要在电话中争出个正确与否来，这样难免语气显得急躁，有咄咄逼人的感觉。语气要平和，心态要摆正，更不能在电话中强迫客户接受某些观点和意见。

销售警语

♣ 销售员一定要懂得心理学。真正的销售就是客户与销售员心理博弈的过程，最终获胜者就是能够准确把握对方心理的一方。知道对方在想什么，知道对方下一把牌如何出，提早找到应对的策略，这就是最好的赢家。如果当对方将牌摆在了面前，再去想办法应对已经太晚了。

♣ 预约一定要注意细节。在电话中预约客户比当面预约更有难度。见面预约客户，客户大都好面子就会答应，但是电话预约并不是这样，客户很多时候不会给你面子，该拒绝的毫不留情地拒绝。那么销售员要提高预约成功率，就要懂得电话预约礼仪：注意细节，懂得礼貌，语气平和而谦虚谨慎，切忌在电话中与客户争吵。

● 巧借"第三者"的力量成就自己的业务

有很多时候，销售员拼命给客户介绍自己的产品是多么的好，可是往往落个"老王卖瓜，自卖自夸"的嫌疑，客户不但不认为产品好，甚至还有可能怀疑产品有问题。如果此刻有一个"第三者"也就是用过你的产品，而且觉得产品不错的人说一句"这小伙子家的产品不错！我用过效果很明显！"那成交的效果就会十分明显。"第三者"的话往往比销售员说一百句，一千句顶用的多。因此，一些聪明的销售员经常借助"第三者"帮自己说话，省时省力地完成交易。

客户对客户的信任往往超过对销售员的信任，因为客户之间身份地位是平等的，而且没有利益关系，不存在谁坑谁的说法，而且他们有共同的目标，就是获得既安全又物美价廉的商品。尤其是已经购买过产品的客户，是产品的体验者，更有发表关于产品好与坏的权利。如果这些老客户能够帮助销售员说一句好话，那么其他客户都会产生一种安全感，同时也会增强对销售员的信任感，也会相信销售员为自己介绍的产品没有任何问题，因此，才会放心大胆地进行购买。

相信大家都听过"250定律"，也就是说：每一个用户背后有250个潜在客户，如果销售员得罪了一个客户，那就意味着得罪了250个潜在客户；相反，如果销售员能够充分发挥自己的才智利用一个客户，他也就得到了250个客户。这充分说明了销售员处理好与客户之间的关系的重要性，同时也说明了客户中"第三者"在帮助销售员拓展市场的重要性。

陆梅是一家手机销售员，最近她遇到了很苦恼的问题，之前她被经理安排在时尚手机专区，由于是销售时尚手机，主要针对年轻人，每天的销量很好，提成也很高。

后来，负责老年专柜的销售员请产假了，于是经理将陆梅调到老年专柜，主要销售老年人的手机。由于老年人一般很少用手机，即使买了手机也很爱惜，一部手机能够用好多年，不像年轻人，只要有新款手机出来，之前的手机还没有坏就放在一边，立马买新款手机，只为赶时髦。

来老年手机专区买手机的老年朋友很少，陆梅的生意很冷淡，按照这样下去，陆梅不仅拿不到提成，还有可能完不成业绩，甚至可能扣工资，所以陆梅很着急，还特地去找经理，希望经理能够将自己调回时尚手机专柜，可是被经理拒绝了。陆梅只好回到了自己的专柜，苦苦等待客户的到来。

这天，有一位老大妈找到了陆梅，说自己一年前在这里买的手机好像出现了一点问题，让陆梅帮助看看，陆梅本来想让专门维修的人检查一下。可是一想自己反正也闲着，自己能够解决的问题自己就解决了，解决不了了再让专业维修的人检查。

陆梅拿起手机一看，原来问题很简单，这位大妈不小心将设置中的一个选项禁止了，才导致手机出现问题，陆梅进行了重新设置，手机立马没有了问题。

大妈说："姑娘啊！给我来一部和我这个手机一模一样的手机，我给我老伴也买一部。"

陆梅一听生意来了，立刻帮助大妈寻找同款手机。

此刻，老年专柜又来了三位老年客户，他们看了一眼，似乎没有自己喜欢的手机，打算转身走。此刻大妈对三位客户说了一句："你们也买手机吧！我觉得这家老人手机不错，你看我这手机都买了一年多了，一点问题都没有出现，今天我给我老伴也买一部和我手机一模一样的手机，你们要不过来看看？"

三位客户一听，收住打算离开的脚步，回到柜台旁边。此刻，陆梅已经帮助大妈找好了同款手机，进行了调试，大妈很爽快地掏钱结账。

大妈对这三位客户说："你让这姑娘给你介绍介绍，挑个最好使的，现在没有手机不行啊！"

大妈说完，抱着两部手机出门了。

三位客户互相嘀咕着，不知道买什么牌子的手机好，此刻其中一位建议："就买刚才她买的那部手机吧！"

于是，很快陆梅卖出了三部与老大妈同款的手机。

在这个案例中，老大妈就是"第三者"，她在用这个手机的过程中觉得手机不错，而且很认可，还为自己的老伴买了一部，后来又"现身说法"，让打算离开的三位客户"回心转意"又买了三部，而且还是和大妈同款的手机。如果没有老大妈的"现身说法"，也许那三个客户只能是陆梅的过客，甚至连过客也不算，但由于大妈的推荐，这三位对陆梅的手机产生了认可，进而达成了交易，可见大妈的作用有多大。

其实，我们在现实生活中看到过很多这样的案例。有很多商家找一些电影、电视或者明星为自己的产品代言，这也是借助"第三者"帮助自己"说话"，推进销售。因为明星会产生"名人效应"，会获得更多人的信赖。我们经常听到这样的话："你看某某都在用，人家可是大明星，很挑剔的，她推荐肯定错不了！我们也试试，看看效果如何。"就这样，信赖感就产生了，购买也就随之而来了。

销售警语

♣ 一定要找对"第三者"。"第三者"不拘泥形式，可以是人，也可以是物。第三者可以是用过我们的产品，而且对我们的产品认可的人，那么他才愿意推荐给更多的人；或者是虽然没有购买过我们的产品，但听到其他人对我们的产品很认可，于是亲自来购买的人，这些都可以成为很好的"第三者"，他的一句话可能就是你的几个、几十个订单。

♣ 好产品才有更多好的"第三者"。如果我们的产品质量、功能等各方面都不是很好，那么"第三者"只能让我们的产品"臭名远扬"，让更多的客户逃离我们。只有我们产品自身完美到无可挑剔，让每一个获益者不由自主地想唠瑟，让更多的人知道，这样的"第三者"对我们产品的销售能够起到锦上添花的效果。

● 销售员怎么催账，客户才能立马掏腰包

作为销售员面临着一个很现实的问题——催账。如果方法得当，客户的欠账很快要回来了；如果方法不得当，不仅欠账要不回来，还要遭受一顿臭骂。因此，作为销售员一定要练就一副收账的口才！

✦ 晓之以理，动之以情。我们要相信每个欠账的客户都是讲道理的。基于这个原因，销售员在催账的时候，开口说话一定要有礼貌，不要因为别人欠你钱了就态度恶劣。以礼相待、开诚布公，营造一种互相尊重、真诚相见的气氛，使债务人尽快履行债务，支付款项。如果销售员在催收款项的客户面前傲慢无礼、目中无人，显得盛气凌人，甚至贬低、辱骂客户，反而使得债务人形成一种逆反的心理，这样的销售员不但不能成功催账，还有可能为催账增添更多的麻烦。

✦ 以柔克刚，以静制动。债务人与讨债人往往处在对立面，很容易产生抵触的情绪，他们之间很可能为了自己的面子出言不逊，对讨款人无理取闹，甚至进行人身攻击；或者债务人有意刁难讨款人，向讨款人提出苛刻的条件；或者债务人故意设置障碍，拒不和讨债人见面，即使见了面，也要寻找种种理由一拖再拖。面对这种情况，催收款项的销售员应该时刻记住自己的目的和任务，不论对方使自己多么难堪，都应当忍耐，控制自己的情绪，始终以温和的语言与之对话。针对客户推托的理由，销售员应该巧妙地予以回答。比如：

"您就别谦虚了，谁都看得出来，在这儿什么事儿都是您说了算！这事儿，只有您能够解决，别人想管也管不了啊！""我们同事卖给一些小公司的贷款都按期入账，人家听说我收不回来您这大型企业的款，都不相信！"

面对那些一口咬定没有钱的客户，如果对方看上去还算通情达理富有同情心，销售员可以这样说："其实，我也知道您挺难的，但我比您还难！现在生意不好做，我们厂子上月好不容易签订了一个合同，到现在还没有把原材料款备齐呢！今天我来您这里，厂里头厂长、财务都等着呢，咱们就互相体谅点，您这次先支付给我怎么样？"

销售员面对客户的各种拒付理由，都应该冷静面对，抓住债务人的弱点以柔克刚，以静制动，好事多磨，运用好各种委婉言辞来说服债务人，这才是成功之道。

✦ 软硬兼施，据理力争。在催款的时候，债务人除了避而不见，故意拖延之外，常见的就是利用这种表面上看似"理直气壮"的借口否定自己的债务事实。对付这种客户相对于对付其他种类客户反而容易得多，因为债务的的确确是债务人欠的，债务人的借口经不起推敲的，这也正是债务人的要害。

✦ 摸清底细，对症下药。很多时候，去收款的推销人员都会听到这样的回答："不是我们不给钱，实在是资金紧张，没有钱可给。给了你们钱，省了咱们两家的事儿，我们真是心有余而力不足啊！"

这种话听起来似乎合情合理，人情、事实摆在这儿了，要是再催似乎有些说不过去了。

事实上，如果对方的话属实，那么，讨债人应该考虑一下，在什么地方可以帮助他，双方协商解决债务上的问题。然而，很多时候，对方的话纯粹是拖延债务的借口。因此，判断其实是否属实是关键，只有摸清底细，才能有针对性地采取措施。

◆ 和气生财，借人调解。生意场上不要轻易树敌，因为在很多时候，债务人正好是债权人重要的客户。和气生财，在催收款项时，应尽量采用双方认可的方式。

调解讨债，就是指由债权人与债务人双方认可的，对双方有权威的，威信高且能一碗水端平的第三方出面主持，协调债权人与债务人双方各自的合法权益，和双方各自相应承担的损失，在取得债权人与债务人双方同意的情况下，达成某种对债权人与债务人双方都具有一定约束力的意见的解决债务纠纷的一种方式。

确定一个合适的调解人是一个关键。由于调解是在债权人与债务人中有权威的第三方的主持下进行的，而且调解意见又是征得债权人与债务人的同意而达成的，所以债权人和债务人不易产生敌对情绪，双方能相互尊重，甚至能增进彼此间的友谊，从而也能使债务人双方成为业务上的合作伙伴。

销售警语

♣ 催账的时候一定要控制好自己的情绪。不管你心里有多大的火，多大的气，在你款未到手前，不要出现过激的行为或言语，催款时受了气，再想办法出出气，甚至做出过激的行为，此法不可取，脸皮一旦撕破，客户可能就此赖下去，收款将会越来越难。

♣ 搞清楚与债务人相关的信息。要找对债务人业务的当事人、主管负责人、财务负责人，不能让他们相互推皮球；并且要"擒贼先擒王"，搞清楚谁是最终拍板的那个人，调查好他的社会背景、生活习惯、性格喜好等。同时要搞清楚对方批款是怎么个审批流程，每次批款的日期或者周期都要提前调查清楚。

● 了解每一个客户，才能成就未来更多客户

作为销售员每天都会遇到各种不同的客户，性别不同、年龄不同、性格不同、需求不同等，面对如此多的客户不要觉得厌烦，这正是给你创造了了解不同客户的机会，通过与他们交流和总结，有助于快速成长，更能让你懂得如何与客户交流沟通，对成交有百利而无一害。

销售作为人际交往很重要的一部分，同样需要注入感情。在销售的整个过程中，如果销售员利用情感这个因素，可以有效地拉近和客户之间的心理距离，进而促成交易。下面向销售员介绍一下在不同阶段利用感情进行销售的技巧：

✦ 销售前的情感交流。销售都是从接触开始的，如果潜在的客户对销售员不予理睬或者直接拒之门外，连个说话沟通的机会都没有，那就别提向潜在客户销售产品了。

当销售员发现了潜在客户的时候，就要主动争取，带有情感因素地去和客户进行沟通，让潜在的客户体会到你的真诚和热情，以朋友的关系来对待你。这样一来，你的销售工作就相当于有了好的开端。

✦ 销售中的情感注入。事实上，留住了客户，并不代表就一定能成交，这是因为客户在这里还有满腹的疑虑，销售员应该乘胜追击，运用一定的情感因素，站在客户的角度去考虑问题，帮助客户想到他自己没有想到的问题，以真

诚有效的沟通赢得客户的信任，进而成功地说服客户。

　　✦ 成交之后的情感联络。很多销售员认为，交易成功之后，销售工作自然而然就结束了，然而，实际上在销售成功之后，继续和客户保持联络也是至关重要的，一是交流感情，这是在为以后的销售工作做好铺垫；二是可以从客户那里得到反馈意见，方便今后改进产品和服务工作。

　　为什么要让销售员对客户投入情感交流，而不仅仅是简单地将产品推销给客户，让客户购买我们的产品？这是因为情感投入能够拉近与客户之间的距离，方便我们了解客户，了解客户并非是简单地让客户购买我们当下的产品，而是让客户购买我们未来的产品，这个才是最关键的。知己知彼百战不殆。如果我们对自己的客户没有一个深入的了解，怎么可能让客户购买我们的产品呢？

　　世界销售大师乔·吉拉德曾经说过："如果我们想把东西卖给某人，就应该尽自己所能去搜集关于他的有利于我们销售的所有情报。无论我们销售的是什么，如果我们每天肯花一点时间来了解自己的客户，做好准备，铺平道路，那么就不愁销售不成功了。"这充分说明了解客户信息，掌握关于他的详尽资料，可以使我们在销售中占主动地位，顺利地开展销售工作，收到事半功倍的效果。

　　那么我们需要了解客户的哪些信息呢？或者说哪些信息对我们了解客户有用呢？

　　客户的姓名。如果我们不知道客户的姓名，总是称呼"小姐""先生"就会显得很陌生，很有距离感，不利于进一步了解客户。当我们知道客户的姓名，称呼"张兄""志刚老弟"显得很亲切，犹如一家人一般。尤其当我们很长时间没有见到客户，突然有一天见到客户了，而且能够准确无误地叫出客户的姓名，客户不仅觉得很惊讶，而且觉得你很重视他，这样给客户留下靠谱、信赖的印象。

客户的籍贯。了解客户的籍贯，一方面是为了找到聊天的话题，如果遇到老乡了，是不是有种"老乡见老乡两眼泪汪汪"的感受？二是每个地域的人都有大体的交流处事的方法，知道了籍贯就知道该怎么与他相处了。在销售的过程中最可怕的就是双方没有话题可聊，彼此沉默，这对销售来说可不是什么好事。如果知道客户是什么地方的人，那么在聊天的过程中可以将你身边所认识的这个地域的人的优点聊一聊，给客户增强一些地域自信心和自尊心，增强客户的荣耀感，在夸客户籍贯的人同时也是在夸客户自己，你说客户能不高兴吗？能不愿意听吗？

客户的学历和经历。了解客户的学历或者经历有助于我们与其进行寒暄，使得交谈的气氛变得融洽。一位销售员了解到客户和自己的经历一样，都曾经在部队里当过话务员，于是她和客户一见面，就谈起了收发报，双方谈得津津有味，而且彼此对军人都有很强的荣誉感，不能给军人抹黑。共同的职业，让彼此产生更多的信任，所以销售员在与这位客户畅谈之后顺利签单。

客户的家庭背景。了解客户的家庭背景，投其所好，是不少销售员赢得成功的"撒手锏"。有一位销售员了解到客户的儿子特别喜欢集邮，于是当销售员与客户见面的时候，销售员送上了自己珍藏多年的邮票，客户的儿子特别喜欢，很快成了好朋友，客户看到自己的儿子与销售员相处得那么好，好似一家人，后来与这位销售员签订了好几笔业务。

客户的兴趣爱好。每个人都喜欢听到赞美的话，了解客户的兴趣爱好，并对其加以赞美，可以收到意想不到的效果。一位销售员了解到客户爱好书法，于是他先和客户就书法交流心得体会，并且赞美客户的书法水平高超，客户嘴上虽然说"这是拙作"，但心里觉得乐滋滋的，后来这个客户与销售员也成功签约。

相信在销售之前，如果我们能够对客户的以上信息有清楚的了解，并做好相应的准备和计划的话，那么不管面对多么固执的客户我们都是有可能取得成功的。

与客户加深情感交流，了解客户的姓名、籍贯、学历与经历、家庭背景、兴趣爱好还是不够的，要想全面了解客户，进而掌握客户，或者了解更多的客户、掌控更多的客户，还需要每天进行分析总结，只有这样才能达到以不变应万变的效果。

具体每天分析总结哪些问题呢？

✦ 今天客户问到了哪些问题？

✦ 哪些问题是第一次听到？你是怎么解决的？

✦ 哪些问题你的回答让客户很满意？哪些问题你的回答客户不满意？

✦ 已经帮助客户解决了哪些问题，哪些问题还没有帮助客户解决？

作为销售每天问问自己这些问题，然后进行分析总结，遇到的客户多了，你的经验就很丰富了，只要客户一张口你就知道他要问什么问题，答案你已经准备好了，而且还是准备充分的最佳答案。回答得好回答得妙，客户就会很容易被你征服。

销售警语

♣ 了解客户很关键。了解客户不仅仅是知道姓名与性别这些最基本的信息，还要了解内心真正的需求，投其所好，进而掌控客户，让客户沿着你规划的方向前进，这样成交就易如反掌。

♣ 要有长远发展的眼光。所谓舍不得孩子套不到狼。面对客户，尤其那些爱占便宜的客户，我们需要适当给一些小恩小惠，让客户尝到甜头，才能为你推荐更多的客户。如果我们只顾及当下的利益，不懂得施舍，怎么可能赢得明天更多的客户呢？